QUAND L'ENFANT PARLE DU LANGAGE
Connaissance et conscience du langage chez l'enfant

PSYCHOLOGIE ET SCIENCES HUMAINES

Clairelise **BONNET** / Joëlle **TAMINE-GARDES**

quand l'enfant parle du langage

PIERRE MARDAGA, EDITEUR
2, GALERIE DES PRINCES, BRUXELLES

© Pierre Mardaga, éditeur
37, rue de la Province, 4020 Liège
2, Galerie des Princes, 1000 Bruxelles
D. 1984-0024-34

Introduction

Les linguistes comme les philosophes du langage ont souvent pris comme thème de leur réflexion la notion de métalangue et le fonctionnement particulier du signe qu'est l'autonymie. Ces phénomènes ont généralement été décrits à partir de productions écrites et souvent même littéraires. Pour étudier la conscience que les enfants ont du langage, les psycholinguistes se sont par contre intéressés à des propos spontanés ou suscités par diverses tâches métalinguistiques. Cet ouvrage va poursuivre la réflexion sur ce thème à partir de l'analyse d'un corpus d'énoncés d'enfants de moins de 6 ans qui parlent du langage.

1. OBJECTIFS

Depuis une dizaine d'années, plusieurs recherches de psycholinguistique ont eu pour objet la prise de conscience du langage chez l'enfant.

Bates (1976) a observé chez deux enfants italiens de moins de 4 ans les premières références au fait de parler et a décrit, en termes de capacité **métapragmatique**, la capacité de marquer au niveau de l'énoncé la trace de l'énonciation: l'enfant peut ainsi renvoyer au fait de dire grâce à l'utilisation de verbes de parole, au temps, au lieu de l'acte de communication et à ses participants par les adverbes de temps et de lieu, les formes verbales et les pronoms personnels. Il peut également mettre en relation l'énoncé actuel avec celui qui l'a précédé grâce à ces termes de connection que sont les conjonctions de coordination.

Sinclair, Jarvella, Levelt (1978) ont dirigé un ouvrage collectif ayant pour thème les caractéristiques de la connaissance et de la conscience linguistique. Clark, à partir d'observations de Leopold, Weir, Gleitman, Scollon sur leurs propres enfants, anglophones, y propose un inventaire de conduites qui témoignent d'une conscience linguistique précoce: corrections et autocorrections, commentaires sur son propre langage ou sur le langage d'autrui, pratique des sons ou des mots nouveaux, identification des unités linguistiques, construction de définitions, de jeux de mots, jugements concernant la politesse ou l'à-propos d'un énoncé. Elle classe et interprète ces conduites en termes de savoir (skill) **métacognitif**. Dans le même ouvrage, Slobin rapporte et commente une trentaine d'observations faites sur sa propre fille avant 6 ans; il s'intéresse à ses réactions à l'égard des particularités de sa langue maternelle (synonymie, métaphores, mots non familiers) ou des langues étrangères, à son acquisition des formes verbales irrégulières, à ses réponses à des questions directes concernant le langage.

Hakes (1980) a tenté une mise en relation de l'évolution des capacités cognitives avec celle des capacités métalinguistiques; à partir de différentes épreuves piagétiennes et de trois groupes de tâches métalinguistiques (tâche de segmentation des syllabes en phonèmes, d'évaluation de l'acceptabilité d'une phrase ou de la synonymie d'une paire de phrases) il a analysé et comparé les performances d'enfants anglophones de 4 à 8 ans.

Sinclair A. (1980) a soumis des enfants hollandais de 3 à 8 ans à une interview clinique sur leurs idées à propos du langage: comment et pourquoi parle-t-on? les animaux savent-ils parler? et les bébés? l'enfant comprend-il toujours ce qu'on lui dit? comprend-on toujours ce qu'il dit lui-même?

Enfin des enfants suisses de 4 à 12 ans, francophones, ont été soumis par Berthoud (1980) à différentes tâches telles que définir le terme *mot,* dénombrer les mots d'une phrase, juger de la taille ou de la difficulté d'un mot, en inventer un.

Ces deux dernières enquêtes mettent en évidence que toutes ces questions concernant le langage n'ont rien d'artificiel pour l'enfant, mais correspondent à un intérêt spontané. Le problème de la conscience du langage chez l'enfant n'est donc pas nouveau, mais notre manière de l'aborder voudrait l'être sur les points suivants:

1. Dans la plupart des travaux cités, à l'exception de celui de Bates, les énoncés de l'enfant ne sont pas analysés d'un point de vue linguistique. Berthoud par exemple ne s'intéresse jamais à la forme linguistique des définitions qu'elle recueille; Slobin, s'il relève les termes métalinguistiques utilisés par sa fille (*mean, be called, name, word, say, speak, voice*...) ne s'intéresse pas aux constructions linguistiques dans lesquelles ils s'insèrent; Clark, qui parle de différents types d'énoncés tels que questions, commentaires, jugements, n'en propose jamais une définition ou une description linguistiques. Les analyses proposées sont donc toujours essentiellement psychologiques, d'où l'absence dans tous ces travaux de données explicites relatives aux problèmes fondamentaux de la métalangue, tels que le fonctionnement autonyme des signes, le discours direct ou indirect, l'utilisation des verbes *s'appeler, signifier* ou *vouloir dire*. Nous voudrions au contraire dans cet ouvrage prendre en compte systématiquement les caractéristiques linguistiques des propos de l'enfant sur le langage pour en déduire une typologie.

2. Dans tous les travaux cités ci-dessus, et en dépit des thèmes abordés, une caractéristique fondamentale du langage semble sous-estimée, si ce n'est tronquée et escamotée, sa propriété de renvoyer à lui-même, propriété dite de réflexivité (Lyons, 1970) qui lui vaut une place à part au sein de tous les systèmes de signes. Comme le langage y est toujours conçu dans sa fonction de communication et parfois de représentation du réel, mais jamais dans sa fonction de représentation de lui-même, le renvoi du langage à lui-même se voit attribuer un rôle très annexe et très réduit, se limitant à faciliter la communication ou l'acquisition, ou à rendre possible l'apprentissage de la lecture et de l'écriture. Dans cet ouvrage, le rôle de renvoi du langage à lui-même sera au contraire au centre de nos discussions et de nos interprétations, et la raison même de l'une de nos hypothèses.

L'intérêt que les psycholinguistes ont porté à la connaissance, à la réflexion ou à la conscience linguistiques est issu de recherches très diverses en psycholinguistique, allant de simples observations anecdotiques à des expérimentations complexes sur la segmentation de la chaîne parlée en syllabes ou phonèmes, sur la détection des ambiguïtés, sur l'évaluation de la grammaticalité d'une phrase..., ainsi que de recherches en psychologie concernant chez l'enfant la connaissance de phénomènes cognitifs tels que la mémoire ou le raisonnement ou la prise de conscience en général.

Pour nous, cet intérêt est né de deux travaux, portant l'un sur l'étude des noms construits par les enfants pour désigner les personnes de leur famille, leurs amis, leurs jouets, l'autre sur la définition des premières étapes de l'acquisition du langage. L'observation linguistique y était essentielle. L'étude des noms construits par les enfants nous a permis de constater que certains d'entre eux étaient étroitement liés à la manière dont ils les analysaient et concevaient le langage. L'enfant qui construit *Vertbelle* pour désigner un ballon vert ne prend en compte qu'une propriété du référent qu'il veut nommer, alors que celui qui construit *Chez Madame Picaude* pour désigner un buisson de houx tient nécessairement compte des propriétés morphosyntaxiques du système linguistique telles que le cadre syntaxique et la suffixation. Quant à la description des premières étapes de l'acquisition, elle nous a permis de constater la difficulté qu'il y a à décrire chez l'enfant de plus de 2 ans, dès que s'enrichit la pratique linguistique, des stades généraux d'acquisition. Si l'on parvient en effet à définir le stade des premiers mots, puis celui des premiers énoncés et celui de la prise de conscience de l'acte de communication, on ne sait ensuite trouver le point de vue à partir duquel il serait possible de définir les stades suivants. Face à cette difficulté et devant les conclusions de nos observations sur les noms construits par les enfants, nous nous sommes demandé si, en adoptant comme point de vue celui de l'enfant qui parle du langage et par conséquent l'observe et l'analyse, il ne serait pas possible de s'orienter vers la description de tels stades. Trois hypothèses très générales organiseront notre entreprise :

1. La connaissance ou la conscience que l'enfant a du langage ou de sa propre activité linguistique constituent une perspective à partir de laquelle il est possible de définir des stades d'acquisition entre 2 et 6 ans et une dimension dans laquelle un grand nombre de ses conduites peuvent être regroupées et décrites.
2. Des formes élémentaires de connaissance et de conscience du langage apparaissent dès les premiers niveaux de son acquisition et sont solidaires de son évolution : le langage, dès son apparition, fait l'objet de l'attention cognitive spontanée de l'enfant.
3. La connaissance ou la conscience que l'enfant a du langage ou de sa propre activité linguistique évoluent selon les lois de tout processus de conceptualisation : l'enfant commence par prendre connaissance ou conscience des caractéristiques les plus superficielles; il ne parvient que progressivement à l'analyse des caractéristiques intrinsèques. Dans ce processus, il est toujours possible de mettre en parallèle un certain niveau de conscience de l'activité propre, la pratique linguistique de l'enfant lui-même, avec un niveau correspondant de connaissance de l'objet, le langage en tant que tel.

En fonction de notre deuxième hypothèse, la question que joue la conscience du langage dans le processus de son acquisition ne se pose pas; la poser revient en effet à définir implicitement le langage d'une manière restrictive et à ignorer sa spécificité dans l'ensemble des systèmes de signes, à savoir sa fonction de réflexivité. En fonction de cette même hypothèse, peut-on parler de réflexion ou de conscience **métalinguistique** dès qu'il y a pratique linguistique? Afin que la notion de **conscience métalinguistique** n'ait pas pour seul intérêt de souligner la capacité du langage de renvoyer à lui-même, mais conserve un intérêt plus spécifique et une plus grande valeur opératoire, il nous a paru prudent de choisir des critères permettant de distinguer entre simple connaissance et conscience élémentaire du langage et connaissance et conscience véritablement métalinguistiques. Tant que l'enfant ne s'intéresse qu'aux relations que les signes entretiennent avec les choses, tant qu'il ne connaît d'eux que leurs propriétés référentielles, tant qu'il ne s'intéresse pas aux relations qu'ils entretiennent les uns avec les autres et n'observe aucune de leurs propriétés sémantiques, morphosémantiques ou morphosyntaxiques, nous préférons éviter de parler de conscience ou de connaissance métalinguistiques, ayant choisi comme critère de leur apparition:

1. le fait de dissocier dans un signe son aspect formel et sa signification et de s'intéresser aux relations de dépendance, de ressemblance, de différence qui lient les signes les uns aux autres dans ces deux dimensions;
2. le fait de segmenter les signes en fonction des rapprochements linguistiques opérés et d'identifier les syllabes ou les morphèmes pertinents dans le système;
3. le fait de distinguer les caractéristiques linguistiques des signes des caractéristiques individuelles, psychologiques de leur utilisation et donc de faire la part entre ce qui relève du système linguistique et l'utilisation individuelle de ce système.

En fonction de ce triple critère, ce n'est qu'à partir de 4 ans - 4 ans 1/2 qu'apparaissent chez l'enfant une connaissance et une conscience du langage que l'on peut qualifier de métalinguistiques.

Du point de vue psychologique, notre position est donc claire, mais il n'en va pas de même en ce qui concerne la théorie linguistique. Si nous pensons en effet que la fonction métalinguistique, due à la capacité qu'a le langage de renvoyer à lui-même, est une de ses fonctions essentielles, nous serons beaucoup moins affirmatives quant à l'existence d'un métalangage repérable dans le langage naturel. Rey-Debove qui croit à la possibilité de le définir et de le décrire, note pourtant:

«Le métalangage familier, qui relève de la compétence de chacun, a tous les défauts et aussi toute la souplesse du langage ordinaire» (1979). C'est que les constructions utilisées sont les mêmes que celles de l'usage ordinaire et qu'il n'existe aucune construction dont on pourrait a priori penser qu'elle est intrinsèquement métalinguistique qui ne puisse être utilisée autrement :

	Veule signifie *lâche*
vs	Avoir agi ainsi signifie qu'il est fou

	Cette plante s'appelle *hortensia*
vs	Voilà qui s'appelle bien parler

Rey-Debove fonde en partie ses certitudes sur l'existence d'un lexique métalinguistique spécifique. Mais il faut sans doute distinguer le lexique métalinguistique technique, *substantif, apposition, prédicat...* utilisé par les grammairiens et les linguistes, du lexique métalinguistique ordinaire : *mot, expression, lettre, vouloir dire, parler, dire...* Les limites en sont extrêmement floues, sans compter que la plupart de ces termes sont polysémiques et ne renvoient pas exclusivement au langage. Il n'est donc pas possible de s'appuyer de manière décisive sur le lexique pour déterminer si oui ou non on a affaire à du métalangage naturel.

Reste alors l'usage autonyme des signes lorsqu'ils sont utilisés pour renvoyer à eux-mêmes et non à leurs référents :

	Les tables rondes sont pratiques
vs	*Tables* est un pluriel

Outre que le métalangage, s'il existe, ne saurait se réduire à ces emplois-là, l'autonymie, comme nous avons pu le constater dans notre travail, est loin d'être le fonctionnement général et aisément délimitable que décrivent les linguistes. Nous avons donc adopté une position prudente et fait l'économie de la notion de métalangage, en tant que fonctionnement repérable et caractérisable, dans nos descriptions et analyses.

2. LA METHODE

2.1. Le corpus et sa constitution

Notre corpus se présente sous la forme d'un fichier de 700 observations. Chaque fiche constitue l'observation d'un enfant qui parle du langage et comprend le ou les énoncés qu'il produit sur ce thème, le contexte linguistique et la situation dans lesquels il les a produits, son nom et son âge, ainsi que le nom de l'auteur de l'observation. Nous avons d'abord collecté dans les données éparses de différents linguistes ou psychologues ayant généralement observé le développement linguistique de leurs propres enfants, tous les propos d'enfants de moins de 6 ans que nous avions spontanément tendance à considérer comme «métalinguistiques». Tous les corpus français dont nous avions connaissance ont été dépouillés. Cette première collecte nous a permis de rassembler 541 observations. Voici les caractéristiques de ce premier groupe de données:

Tableau: Caractéristiques des données utilisées, issues de la littérature

Auteur de l'observation	Nom de l'enfant observé	Type d'observation et période d'observation utilisée
Aimard (1975)	Valérie	notation papier-crayon, anecdotique, de 2;7 à 5;0
Berthoud (1980)	divers	enregistrement, une interview clinique unique
Chandelier (1983)	Céline	enregistrement systématique de 2;6 à 2;9
Decroly-Degand (1913)	Suzanne	notation papier-crayon, anecdotique, de la naissance à 5;6
Fondet (1979)	Gabriel	notation papier-crayon, anecdotique, de la naissance à 6;0
François D. (1977)	S.	notation papier-crayon, anecdotique, de la naissance à 6;0
Gendrin (1973)	Brigitte	enregistrement systématique de 3;0 à 4;0
Grégoire (1937-1947)	Charles Edmond	notation papier-crayon, anecdotique de la naissance à 6;0
Lentin (1971-1973a)	divers Brigitte	enregistrement enregistrement systématique de 3;0 à 4;0
Malrieu (1967)	Jean-Paul Denise	notation papier-crayon, anecdotique de la naissance à 5;5 de la naissance à 3;2
Piaget (1945, 1972, 1976)	Jacqueline divers	notation papier-crayon, anecdotique de la naissance à 6;0 notation papier-crayon, une interview clinique unique
Pichevin (1966-1967)	Virginie Eva	enregistrement systématique, de 2;7 à 3;7 enregistrement systématique, de 1;1 à 2;4
Ronjat (1913)	Louis	notation papier-crayon, anecdotique, de la naissance à 4;6

Nous avons ensuite recueilli dans notre entourage un deuxième groupe de faits semblables à ceux que nous avions collectés émanant d'un petit nombre d'enfants que nous connaissions bien :

— Jérémy, Guillaume et Sylvain, d'une même fratrie et neveux de l'une d'entre nous, habitant la région marseillaise et dont les parents ont une formation universitaire ;

— Delphine, Sandrine et Valérie D., vivant en Suisse romande, dans le canton de Neuchâtel. Delphine est l'aînée dans une famille de deux enfants, elle est d'un milieu équivalent à celui de Jérémy, Guillaume et Sylvain. Sandrine et Valérie D. sont sœurs, seules enfants d'une famille de milieu plus modeste.

Ces six enfants se sont tous révélés très loquaces, soit que leur famille, attentive au langage, ait favorisé son acquisition, soit que, comme Sandrine et Valérie D., leur milieu de vie (les parents sont cafetiers) ait favorisé les contacts et son utilisation.

— Perrine, Claire, Laetitia, Chloé, Sébastien, Yannick, Mathieu, Aliki, enfants dont les propos ont été relevés sporadiquement.

Nous avons observé tous ces enfants dans leur vécu quotidien (dans leur famille et leur entourage habituel). Habitués à notre présence, ils n'y ont jamais accordé une attention particulière. Nous avons toujours noté immédiatement les propos qui nous intéressaient et leur contexte. Avec Jérémy, Sandrine, Valérie et Delphine, quand la conversation s'y prêtait, nous avons posé parfois des questions directes sur le langage. On peut donc qualifier notre manière de procéder tantôt d'observation simple, tantôt d'observation semi-dirigée.

Par rapport à celles qui ont été collectées dans la littérature, voici les caractéristiques des 159 observations qui nous sont propres :

Tableau: Caractéristiques de nos propres données

Nom de l'enfant observé	Type d'observation et période d'observation
Jérémy	notation papier-crayon, anecdotique, parfois dirigée, de 3;2 à 5;2
Guillaume	notation papier-crayon, anecdotique, de 2;0 à 4;0
Sylvain	notation papier-crayon, anecdotique, de 1;6 à 2;3
Delphine	notation papier-crayon, anecdotique, de 3;3 à 3;9
Sandrine	notation papier-crayon, anecdotique, parfois dirigée, de 5;0 à 6;0
Valérie D.	notation papier-crayon, anecdotique, parfois dirigée, de 5;0 à 6;0
Perrine, Claire, Laetitia Chloé, Sébastien Yannick, Aliki, Matthieu	notation papier-crayon, anecdotique, sporadique

Voici la répartition de nos 700 observations selon 9 tranches d'âge :

Tableau: Répartition des observations en fonction de l'âge

Tranche d'âge	Nombre d'observations
1;1 à 2;0	32
2;1 à 2;6	63
2;7 à 3;0	108
3;1 à 3;6	128
3;7 à 4;0	128
4;1 à 4;6	103
4;7 à 5;0	57
5;1 à 5;6	38
5;7 à 6;0	43
Total	700

En ce qui concerne la transcription des énoncés, nous avons reproduit celles que proposaient les auteurs cités, à l'exception de celle de Pichevin. Il s'agissait en effet d'une transcription phonétique difficilement lisible. Les autres, même si parfois elles tentaient de reproduire la prononciation de l'enfant, étaient régularisatrices et par conséquent faciles à interpréter. Pour nos propres données et celles de Pichevin, nous avons adopté la transcription orthographique puisque la prononciation effective n'aurait eu aucune incidence sur nos analyses. Cependant nous avons indiqué la transcription phonétique chaque fois que cela nous paraissait nécessaire. La transcription orthographique est évidemment déjà une interprétation de la langue et implique tout un ensemble de règles, découpage en morphèmes, accord, etc., que l'enfant est souvent loin de maîtriser. Nous avons donc signalé les cas où les découpages opérés par l'orthographe étaient tout à fait impossibles pour un enfant. Trois problèmes, outre celui du choix entre transcriptions phonétique et orthograpique, ont dû également être tranchés. Nous avons régularisé tout le corpus pour certaines marques typographiques directement liées à nos analyses. Dans le cas de la citation, pour distinguer les emplois où les compléments des verbes de parole font corps avec le verbe de ceux où il s'agit de véritables citations, nous avons choisi pour celles-ci de les faire précéder des deux points. Nous opposons ainsi *dire merci* à *dire: à demain*. Pour l'autonymie, on sait qu'un terme autonyme est toujours graphiquement signalé par les guillemets, le soulignement ou les italiques. Puisqu'un des problèmes qui se posent chez l'enfant est précisément de savoir s'il est capable de présenter des fonctionnements autonymes et que bien des exemples restent discutables, nous avons préféré ne pas nous prononcer en n'adoptant pas les marques graphiques de l'autonyme. Même dans les cas non litigieux nous transcrirons donc de la façon suivante :

pleurnicher ça veut dire pleurer

Enfin, pour les substantifs, il est souvent difficile dans les constructions en *s'appeler* que l'adulte fait généralement suivre d'un terme autonyme, de savoir si l'enfant utilise un nom commun autonyme ou fabrique un nom propre. Pour des raisons qui seront exposées au chapitre portant sur ces constructions, il nous a semblé qu'il s'agissait généralement de nom propre. Nous leur avons donc mis une initiale majuscule : *Tu t'appelles Triangle*.

2.2. Le corpus et son analyse

Nous nous sommes inspirées librement de la démarche que nous avions adoptée pour analyser un autre corpus, celui des noms construits par les enfants (1982, 1983). Le nombre et la complexité des énoncés recueillis ne nous ont évidemment pas permis d'atteindre un niveau d'explicitation de notre démarche, des notions utilisées, des définitions proposées, tout à fait comparable à celui atteint dans ce premier travail. On peut néanmoins considérer qu'il s'agit d'un niveau satisfaisant, puisqu'en dépit de la nature plus complexe de l'objet d'analyse, nous avons réussi à le décrire sur la base d'un nombre limité de traits linguistiques et psychologiques. Remarquons que l'analyse qui sera proposée répond aux trois tests de validation recommandés par Gardin

(1974, 1981), tests de diagnostic, de prédiction et de simulation, puisqu'au terme de celle-ci, il nous sera possible : 1) de distinguer les énoncés de l'enfant qui parle du langage de ses autres énoncés; 2) de prévoir, à partir de ses propos actuels sur le langage, les propos qu'il tiendra ultérieurement; 3) d'inventer des énoncés ayant pour thème le langage semblables à ceux qu'il produit effectivement.

Dans un premier temps, nous avons repéré les caractéristiques distinctives des énoncés de l'enfant qui parle du langage. Nous avons isolé et retenu des traits pertinents à trois niveaux : niveau lexical, un lexique spécifique pouvant être utilisé pour parler du langage; niveau morphosyntaxique, certaines constructions étant liées à ce lexique; niveau des renvois établis à l'aide de ces constructions, tel ou tel aspect du langage pouvant faire l'objet de ces renvois.

Nous empruntons la notion de *renvoi* à Granger (1979) qui l'utilise pour décrire le rapport intuitif du signe à ce qu'il signifie. Nous ferons de cette notion un emploi très large puisque nous l'emploierons pour toutes les relations que le signe est susceptible de contracter. On sait en effet qu'un signe linguistique entre dans un triple réseau de relations : 1) avec le monde, puisqu'il s'articule sur un référent qu'il désigne et est émis dans certaines circonstances d'énonciation qui constituent la situation, 2) avec les autres signes, puisque par le biais de la syntaxe, il est inséré dans un contexte, y voisine d'autres signes avec lesquels il entretient des relations syntagmatiques cependant que, hors contexte, paradigmatiquement, il est associé au niveau du signifiant (relations phoniques et morphologiques) et du signifié (relations lexicales et sémantiques) aux autres signes du système, 3) avec lui-même dans le fonctionnement autonyme. D'une part nous utilisons donc la notion de renvoi pour décrire la relation :

a) d'un signe à ce qu'il désigne (renvoi référentiel);
b) d'un signe aux circonstances de son énonciation (renvoi pragmatique);
c) d'un signe à ce qu'il signifie (renvoi sémantique);
d) d'un signe à un autre signe dans un énoncé (renvoi syntacticosémantique);
e) d'un signe ou d'une partie de signe au système linguistique (renvoi morphosémantique);
f) d'un signe à lui-même (renvoi autonymique).

D'autre part nous l'employons pour définir, d'un point de vue psychologique, selon les renvois qu'elles autorisent, les constructions de l'enfant.

En fonction du triple critère que nous avons présenté ci-dessus, nous avons choisi de ne parler de connaissance et de conscience métalinguistiques qu'à partir de la maîtrise d'un certain type de renvoi, à savoir le renvoi aux propriétés sémantiques, morphosémantiques ou morphosyntaxiques des signes et le renvoi aux caractéristiques individuelles de tout acte de parole. Une telle décision ne peut évidemment être qu'arbitraire. Mais elle a valeur opératoire puisqu'elle exige que l'on décrive avec précision la chronologie des renvois que l'enfant établit, leur complexité croissante, leur enrichissement et la chronologie concomitante des constructions qui les autorisent. En fait la décision de privilégier tel renvoi ou telle construction plutôt que telle autre ne devient possible, et arbitraire, que lorsque leur typologie et leur chronologie en est établie. L'arbitraire n'est pas premier, il n'est qu'une conséquence de l'analyse, et peut-être le meilleur garant de sa réussite.

Dans un deuxième temps, chaque énoncé de l'enfant ayant été décrit grâce à l'ensemble des traits qu'il présente, il nous a été possible d'opérer des regroupements, de dégager des configurations de traits récurrentes et de définir, par ce biais, cinq types d'énoncés caractéristiques de l'enfant qui parle du langage: **les citations, les constructions présentatives, les constructions appellatives, les explications** et **les commentaires.** Ces cinq constructions constituent la typologie des énoncés «métalinguistiques» enfantins. Elles se définissent les unes par rapport aux autres d'un point de vue non seulement linguistique par la présence d'un ou plusieurs traits lexicaux et/ou morphosyntaxiques, mais également psychologiquement par le contenu et l'objet des renvois qu'elles autorisent.

Dans un troisième temps, ayant réuni les énoncés de l'enfant relevant d'une même construction, nous les avons analysés d'un point de vue génétique. Nous nous sommes intéressées à l'évolution de chaque construction et avons essayé de la mettre en relation avec tel ou tel aspect du développement linguistique lui-même ou du développement de l'intelligence. Ayant décrit l'évolution propre à chaque construction, nous avons alors tenté, en guise de conclusion, de définir des stades généraux de connaissance et de conscience du langage chez l'enfant entre 2 et 6 ans.

2.3. Présentation des chapitres

Chaque chapitre de l'ouvrage est consacré à l'une des cinq constructions de notre typologie. Le premier (161 observations) porte sur l'évolution de la citation directe à la citation indirecte. Nos résultats nous amènent à nous interroger sur la réalité psychologique des descriptions linguistiques: les linguistes proposent en effet une représentation des relations entre discours direct et discours indirect où des transpositions de temps, de modes, et de pronoms permettent de construire l'un à partir de l'autre. Peut-on en déduire que discours direct et indirect sont liés psychologiquement? Dans le deuxième chapitre (158 observations), nous analysons les constructions présentatives (*ça, c'est, c'est quoi? ça veut dire*). Ceci nous permet d'une part de décrire l'ébauche du fonctionnement autonyme chez l'enfant, d'autre part de présenter et de discuter le fonctionnement des déterminants. Dans le troisième (81 observations), nous nous attachons aux constructions appellatives (*s'appeler, appeler X Y*). Ce chapitre est l'occasion de poursuivre la discussion sur l'autonymie en relation avec la question du nom propre. Dans le quatrième (95 observations), nous nous intéressons à la motivation linguistique dans les explications et les constructions lexicales. Nous analysons le sens des *pourquoi* et des *parce que* et mettons en évidence les règles suivies par l'enfant dans ses étymologies spontanées et ses créations. Ceci nous permet de discuter le problème du réalisme nominal tel qu'il a été décrit par Piaget. Le cinquième et dernier chapitre (205 observations) est consacré aux commentaires explicites de l'enfant sur le langage. Nous y analysons les énoncés les plus complexes, puisqu'ils cumulent plusieurs des constructions précédemment décrites et font apparaître un lexique métalinguistique plus riche. Ce chapitre nous permet une réflexion sur les modalités du discours.

Au-delà de leur intérêt psychologique, nos résultats ont l'avantage de renouveler la discussion sur plusieurs thèmes de l'analyse linguistique : statut et utilisation de la notion de métalangage en linguistique, relation entre discours direct et indirect et statut des opérations linguistiques, comparaison entre modalités propres à la langue naturelle et modalités logiques, réflexion sur les parties du discours conduisant à une interrogation sur les universaux du langage, statut du signe dans le système linguistique et pour le sujet parlant. Dans les limites de cet ouvrage, nous n'avons évidemment pas pu apporter de réponse à toutes ces questions. Nous avons ouvert la discussion, proposé des données empiriques permettant de la renouveler. Les jalons que nous posons sont autant de pistes à explorer ultérieurement.

Chapitre I
Les citations

1. POSITION DU PROBLEME

Généralement étudiée dans la langue écrite, la citation fait pourtant partie de la langue de tous les jours, comme en témoignent les propos des enfants chez qui elle semble précoce et fréquente. Elle a retenu l'attention des linguistes pour la complexité des opérations syntaxiques qu'elle requiert (subordination éventuelle, jeu des pronoms, emploi des temps et des modes) et pour la maîtrise qu'elle implique au niveau pragmatique (relations entre les interlocuteurs, distinction énoncé/ énonciation, utilisation de stratégies rhétoriques...). Dans notre corpus, son étude s'est révélée féconde en ce qui concerne non seulement le développement proprement linguistique de l'enfant (apparition et maîtrise de la subordination, des temps et des modes), mais également la conscience qu'il a du langage (découpage, transposition et mémorisation de la chaîne parlée) et des circonstances de son utilisation. Enfin, outre son emploi dans les demandes indirectes, il semble qu'elle soit l'un des procédés priviliégiés de construction des récits. Nous avons regroupé les énoncés de ce chapitre en trois stades: le premier précède les véritables citations, le deuxième voit apparaître le discours direct dans lequel les propos cités sont fidèlement rapportés dans leur contenu et leur forme, et le troisième le discours indirect qui, mettant les propos cités sous la dépendance syntaxique d'un verbe de parole introducteur, ne rapporte que la signification. Parallèlement à la description de ces trois niveaux, nous discuterons l'évolution du champ lexical de *dire* et la représentation sémantique de ce terme.

2. DEFINITION DE LA CITATION

La citation se définit du point de vue linguistique par la présence de deux traits: un trait lexical (toutes les occurrences rangées dans ce type d'énoncés présentent en effet un terme déclaratif), et un trait syntaxique lié au précédent (les verbes déclaratifs sont construits avec un complément indiquant le contenu de la déclaration) (Gross, 1975). Sur le plan psychologique, elle se définit par un renvoi aux propos (mot, exclamation, nom, injure, énoncé) passés ou futurs, actuels ou virtuels de différents locuteurs, ou au sens de ces propos. Cette définition large nous conduit à prendre en compte:
- des locutions où la citation fait corps avec le verbe, dont elle n'est d'ailleurs pas séparée par une pause:

Eva 2;2: - j'a fait bonjour;
- des énoncés où la citation est indépendante du verbe, dont elle est séparée par une pause:

Guillaume 3;5 à propos de E.T.: - il disait: maison, téléphone;
- des énoncés où la citation, sous forme de subordonnée, est reliée au verbe:

Gabriel 5;10: - ma copine m'a dit que King-Kong existe, mais dans un autre pays.

3. PREMIERE ETAPE: AVANT LES PREMIERES CITATIONS

L'enfant, dès 2 ans, manifeste la capacité de se référer à toutes sortes d'événements sonores (bruits, émissions sonores animales, émissions vocales humaines):

Guillaume 2;0 arrive chez ses cousins et salue la chienne de la maison en ces termes: - dis bonjour à Tania.

Charles 2;0: - i fait ga tit f(r)ère.

Sylvain 2;0 met une montre contre son oreille et dit: - a fait tic-tac.

Eva 2;6 en regardant un livre d'images: - comment i fait le coincoin?

Cette catégorie d'énoncés se caractérise du point de vue lexical par la présence de *dire* ou *faire*, généralement interchangeable (*dire bonjour / faire bonjour*) et par l'appartenance du terme cité à un petit paradigme, renvoyant soit au rituel de la vie sociale, soit à un bruit. Sur le plan syntaxique, aucune pause ne s'introduit entre le verbe introducteur et son complément: *dire bonjour* et non *dire: «bonjour»*. Peut-être *dire* ou *faire* dans ces expressions sont-ils des verbes opérateurs (Gross, 1975), i.e. de purs supports morphosyntaxiques, toutes les déterminations lexicales et sémantiques étant apportées par le complément. La locution *dire merci* équivaut à *remercier*, mais le verbe cumule marques sémantiques et morphosyntaxiques. Il est intéressant de noter l'étroite liaison qui existe entre *dire* et *faire* et leur complément.

Les locutions qui renvoient au rituel de la vie sociale ne manifestent pas la reprise d'un énoncé antérieur, mais sont utilisées au présent. Elles apparaissent alors souvent comme des fragments d'action. Lorsque le sujet utilisé, explicite ou implicite, est *je*, on pourrait dire qu'il s'agit du fonctionnement de performatifs, c'est-à-dire de verbes ou d'expressions qui servent à accomplir un acte (Austin, 1970). Lorsque Guillaume s'écrie en voyant la chienne de sa tante chez qui il arrive en visite *dis bonjour à Tania,* c'est une façon de lui dire bonjour. Ces salutations, remerciements sont souvent accompagnés de gestes (caresser la chienne dans notre exemple, faire un salut de la main, etc.). Ils sont donc fortement enracinés dans l'action et le lien entre *dire* ou *faire* et leur complément semble indiquer que les composantes de cette action sont peu différenciées, l'enfant faisant référence à une action globale. Cependant, à la fin de cette période il se réfère plus précisément à l'acte de dire dans des constructions telles que :

Eva 2;6 à son ours : - dodo ! je dis dodo (à) nounours !

Virginie 2;8 : - un chiffon, un chiffon, un chiffon, je veux un chiffon bè bè bè bè.

L'un de ses parents intervient : - Virginie, parle bien !

Virginie : - je fais bè bè bè bè !

Virginie 2;10 : - pardon, maman, on (= elle et sa sœur) fait pardon.

Ces constructions se caractérisent par un renvoi à l'acte de parole que l'enfant vient juste de produire, et qui généralement a retenu l'attention d'un interlocuteur. On est alors en droit de se demander si l'enfant se réfère simplement à cet acte ou s'il rapporte les paroles qu'ils a prononcées. Le critère psychologique que nous avons choisi pour en décider est le suivant : dès que nous observons, dans les constructions d'un même enfant, le report systématique non seulement de ses propres paroles, mais également des paroles d'autrui (interlocuteur ou tierce personne), non seulement de paroles qui viennent juste d'être produites, mais également de paroles passées ou futures, nous considérons que les productions de cet enfant doivent être interprétées comme d'authentiques citations. Avant 2 1/2 - 3 ans, les constructions de la plupart des enfants observés ne répondent pas à ce double critère.

Dans le langage du jeune enfant, quelle est la fonction de ces constructions primitives proches des citations ? Elles semblent remplir toutes une même fonction : permettre à l'enfant d'inscrire dans le langage qu'il utilise, d'une manière rebondante et concrète, son rôle de locuteur, de souligner ce rôle et de l'exhiber. Cette insistance devant témoin lui permet probablement de renforcer la prise de conscience qu'il en a. Ces constructions témoignent donc d'une prise de conscience de soi comme énonciateur; elles ne témoignent pas encore de la capacité de prendre en compte les relations temporelles pouvant exister entre une situation d'énonciation et des propos passés ou futurs.

4. DEUXIEME ETAPE: LES PREMIERES CITATIONS DIRECTES

4.1. Typologie des citations directes

Dès 3 ans environ (Suzanne 2;6, Denise 2;8, S. 2;9, Virginie 3;2, Valérie 3;3, etc.), l'enfant manifeste la capacité de rapporter d'une manière directe les paroles passées ou futures de locuteurs particuliers. Voici des exemples où nous distinguerons les citations de **syntagmes** ou de **termes**, sans équivalent parmi les citations indirectes (*je dis: à bientôt* ne peut pas avoir pour correspondant * *Je dis qu'à bientôt)*, et les citations de propositions[1] qui peuvent être transposées en discours indirect.

a) Citation de termes ou de syntagmes: énoncés complets

Dans la majorité des exemples, les éléments cités, bien que n'ayant pas le statut syntaxique de proposition, fonctionnent comme des énoncés complets, soit qu'il s'agisse:

- de termes exclamatifs, injonctions, jurons:

Céline 2;8 vient de saluer sa mère d'un *à tout à l'heure*.
Sa mère lui demande ce qu'elle vient de dire: - j'ai dit: à tout à l'heure!
Brigitte 3;1: - non z'aime pas l'aut'glace pi l'monsieur il a dit: pas d'socolat.
Guillaume 3;2: - moi je lui dira: putain Monsieur!

- de termes d'adresse:

Céline 2;7 se souvient qu'elle a appelé le chien de sa grand-mère l'après-midi: je ai appelé Kiki.
S. 3;0: - tu entends (ce qu')elle dit la dame: mon amour.

- ou d'annonces (étiquettes...)

Brigitte 3;0: - pasque pasque on sante: une souris verte qui courait dans l'herbe.

b) Citation de termes ou de syntagmes: énoncés incomplets

Louis 3;2 devant qui on chante le début de l'appel de Donner, demande ce que c'est:
X: - c'est la chanson de Donner.
L.: - chanson du tonnerre.

X: - non, Donner.
L.: - moi je dis: tonnerre.

Valérie D. 5;2: sa sœur tape à la machine et fait une faute. Elle s'écrie: - ça fait caquer les nénés. Valérie éclate de rire et répète: - elle a dit: caquer les nénés.

c) Citation de termes extraits du lexique

Jean-Paul 2;10 reprend les mots qu'il utilisait quand il était plus petit, et en rit: - je disais: bagaloi (cabriole).

Suzanne 3;3 installe sa poupée sur un banc et place devant la petite élève les cartons d'un jeu de lecture. Désignant le carton sur lequel est écrit le mot *Papa* et le carton sur lequel est écrit le mot *Suzanne*, elle dit: - Voilà, elle lira: Suzanne, et après: Papa.

Virginie 3;7: - maintenant je vais écrire: toboggan... balançoire.

On remarque que deux situations semblent favoriser la citation de ces termes qui ne renvoient pas à un énoncé mais au lexique. Il s'agit soit de faire allusion à une prononciation particulière, défectueuse, soit d'évoquer, avec pour verbe introducteur *lire* ou *écrire*, des mots écrits que leur matérialité rend peut-être plus faciles à abstraire.

d) Citation de propositions

Chloé 2;11 raconte un livre d'images, à propos de Grégory, enfant anglais: - il dit: what is your name?

Jean-Paul 2;7: - elle sera bien contente, elle dira: il est bien gentil, Jean-Paul.

Virginie 3;4: - laissez ouvert la porte, lui i dit: faut pas éteindre dans le couloir i dit nounours.

Virginie 3;7: - si elle m'embête la fille qu'elle était au sable, je la battera parce que elle a dit: elle est pas belle la chaussette.

S. 2;9: - on dira à Marie-Thérèse, à Raymond, à son chat, on dira à tout le monde: Titi a fait tomber les nouilles.

Ces productions répondent au double critère que nous avons choisi: l'enfant rapporte ou annonce non seulement ses propres paroles, mais également les paroles de ses interlocuteurs ou de tierces personnes (réelles ou imaginaires). Il ne se réfère pas simplement aux propos qu'il extrait mais véritablement les cite puisqu'il utilise le verbe *dire* (ou *écrire, noter, lire*, etc.) comme introducteur d'un terme, syntagme ou proposition indépendants[2]. Il rapporte ou annonce des paroles passées ou futures et prend donc en compte la relation temporelle qui existe entre la situation d'énonciation et les paroles qu'il cite.

4.2. Les temps utilisés

A l'aide de quels moyens linguistiques l'enfant établit-il ces renvois au passé et au futur? Les adverbes de temps (*hier, après, demain*, etc.) sont très peu fréquents et ce sont essentiellement les morphèmes verbaux et les formes verbales périphrastiques qu'il utilise. Voici les formes que l'on observe dans le corpus:

Tableau: Les temps grammaticaux utilisés par l'enfant dans les citations directes pour établir un renvoi au passé ou au futur

Renvoi	Mode	Temps
passé immédiat	Indicatif	passé composé présent
passé	Indicatif	passé composé imparfait
futur	Indicatif	futur périphrastique futur en -r
futur immédiat	Impératif	présent

On peut dégager plusieurs tendances de cette distribution des marques flexionnelles de temps dans la proposition introductive. C'est à l'aide du présent et du passé composé que l'enfant établit des renvois au passé immédiat:

Aliki 3;2 est allée demander à sa mère, dans une pièce voisine, la permission de manger une noix. Elle rapporte: - elle a dit: encore une et après c'est fini, j'ai rien dit!

Delphine 3;9: sa marraine constate à propos des tentatives de sa petite sœur pour manger seule: - c'est pas tout simple. Delphine me fait remarquer: - elle dit: c'est pas tout simple, Marraine.

Pour établir des renvois au passé, il utilise en priorité le passé composé; l'imparfait est moitié moins fréquent. Imparfait et passé composé, utilisés dans des contextes identiques, semblent interchangeables:

Delphine 3;9: - elle disait: petite pomme, Marraine (sa marraine a nommé *petite pomme* sa petite sœur, environ une demi-heure auparavant). Je lui demande: - et à toi qu'est-ce qu'elle dit? Delphine: - elle a dit: Mistinguett.

Les renvois au futur sont établis à l'aide du futur périphrastique et du futur en -r:

Denise 2;8 en l'absence de son frère, au milieu d'une promenade, elle est triste: - Nini dira à Paul à la maison: a vu biquettes blanches.

Brigitte 3;1: - et et / Peroël demain vais dire Peroël: des zouzoux à moi.

Quant aux renvois au futur immédiat, ils sont tous établis à l'aide de l'impératif **dis**:

Virginie 3;4 à l'adresse de sa petite sœur avec qui elle regarde un magazine : - dis : je voudrais un petit cheval comme ça avec un petit fauteuil.

Dans la citation de proposition, c'est le présent qui est la forme la plus employée pour le verbe qu'elle comporte.

Dans nos données, présent et passé composé sont donc les plus précoces, le futur périphrastique apparaît vers 2 ans 1/2 et l'imparfait et le futur en -r entre 3 1/2 - 4 ans. Les données recueillies par Coyaud et Sabeau-Jouannet (1970), Sabeau-Jouannet (1975, 1977) confirment l'absence des futurs en -r et des imparfaits avant 2;6 et l'apparition des futurs en -r et des imparfaits vers 2;10 - 3;0. Les observations de Grégoire vont également dans ce sens. La capacité de marquer à l'aide de ces morphèmes temporels une antériorité ou une postériorité en prenant la situation d'énonciation comme point de référence (chronologie absolue) est précoce. Cromer note qu'elle apparaît chez Adam à 3;2 et chez Eve à 3;6 (Cromer, 1968); elle apparaît à des âges identiques chez nos sujets : chez Valérie à 3;3, Aliki 3;2, Virginie 3;7, etc. Sabeau-Jouannet l'observe entre 2 1/2 - 3 ans. « Ce n'est qu'entre 2;6 et 3 ans, chez nos sujets, que sont attestées les premières références faites à une datation dans le passé ou le futur » (Sabeau-Jouannet, 1977, p. 195).

Puisque la citation directe reproduit exactement des propos, il n'y a évidemment pas lieu de s'interroger sur les relations établies entre temps du verbe introducteur et temps du verbe de la proposition indépendante : la chronologie relative entre faits à décrire dans des énoncés complexes est d'apparition plus tardive et ne concerne que le discours indirect.

4.3. Les situations

Les citations du jeune enfant apparaissent dans 11 situations qui nous semblent propices à l'apparition d'énoncés centrés sur le langage.

Ce sont :

1. un récit :

Gabriel 4;5 : - je sens dans ma tête que je vais raconter. Alors tu sais, maman, elle a dit : t'as vu la belle église ? Y a une dame qui arrive. Elle a dit : est-ce que c'est l'église ? La dame a dit : non ! Et après, voilà, on est arrivé à la maison.

2. un jeu symbolique :

Jacqueline 4;7 joue à faucher avec une baguette mince et pointue. Elle me dit alors spontanément : - Papa, dis-moi : tu ne te coupes pas, Jacqueline ?

3. une question ou explication d'autrui :

Charles demande : - qu'est-ce que j'ai dit quand Monmon est venu au monde ? Edmond 3;5 répond : - tu as dit : Iy (exclamation de surprise fréquente en Wallonie), voilà Monmon ! et moi, j'ai dit : zut !

4. une incompréhension d'autrui des propos de l'enfant :

Jean-Paul 2;11 demande du fromage. On lui en donne un peu — trop peu à son gré —, il le laisse.
J.P. : - j'en veux pas alors. J'ai assez faim.
On lui fait remarquer qu'il faut dire *j'ai assez mangé*. Il sourit : - je veux pas dire : j'ai assez mangé, je dis : j'ai assez faim.

5. une incompréhension d'un tiers d'un propos compris par l'enfant :

Jérémy 3;3 à sa grand-mère qui n'a pas compris les propos de Guillaume : - il dit : je veux mettre mes habits.

6. une incompréhension de l'enfant des propos d'autrui :

On lit « La chèvre et les biquets ». Valérie 3;6 demande : - qu'est-ce que ça veut dire : foin du loup ?
J'explique maladroitement que c'est du langage chèvre.
Valérie clôt l'explication : - ah, i disent : foin du loup, et moi : foin du caca.

7. une particularité (faute, gros mot, accent, synonymie, sonorités) dans les propos d'autrui :

PL parle d'un monsieur X qui est un salaud. Valérie 3;8 : - on va lui dire : vous êtes une salade Monsieur X, on va vous manger.

8. une particularité (faute, raté, gros mot, sonorités) dans les propos de l'enfant lui-même :

Valérie 3;9 : - un peu plus... beaucoup ! comme Boukou (surnom d'une personne connue), tu peux noter ça Maman.

9. un jeu phonique :

Valérie 3;7 : - caca
            caille, caille
            canard, faut le marquer, ça !

10. un contact avec la langue écrite :

Jérémy 4;1 : sa grand-mère qui écrit à sa tante lui demande ce qu'il veut lui dire. Jérémy : - je dis : Joëlle, Yvon a reçu une noix de coco sur la tête... je me suis bien baigné avec mon copain à Tahiti... un baiser à Guénaële, Julien, Jean-Pierre et Joëlle de la part de moi.

11. un contact avec une langue étrangère (ou deuxième langue) :

Louis 2;6 à qui sa mère ne parle qu'allemand, dit à la cuisinière francophone qui lui montre un ballon sur une image : - Maman dit toujours : ein Luftballon.

4.4. Les fonctions

Quelle est la fonction de la citation directe chez le jeune enfant? Les citations qui ont toutes la forme: /*dis: citation*/ et que l'on observe dans le cadre des jeux symboliques lui permettent de communiquer à son partenaire de jeu sa réplique, le rôle vocal qu'il lui ordonne de tenir. Elles ont donc pour fonction la préparation, la direction et le contrôle du jeu du partenaire. Quant aux autres types de citations, elles sont utilisées pour:

animer, rendre plus vivant un récit:

J.P. 2;4 en construisant une tour, raconte: - puis, alors Jean-Paul... il est parti, ha oui rien du tout, et puis l'autre i fait: oui oui alors il faisait: Bébé Bébé arrive! i criait comme ça et disait: Bébé Bébé Bébé... i avait peur (il s'agit sans doute de l'histoire d'un enfant, Jean-Paul, qui s'était perdu et qu'on cherche).

accroître l'importance de l'information apportée, l'authentifier:

Suzanne 4;1: - demain, je vais promener avec Maman, Maman a dit ça.

amplifier un ordre n'ayant pas abouti:

Virginie 3;2: - je te dis: faut pas le prendre [prad] mon panier.

et formuler une demande indirecte:

Céline 2;6 veut de l'eau pour jouer, on la lui refuse. Quelques instants plus tard, elle présente une tasse de sa dinette et montrant son ours: - il dit: à boire!

Elles semblent donc avoir essentiellement une fonction d'insistance.

5. TROISIEME ETAPE: LES CITATIONS INDIRECTES

Dès 3 1/2 - 4 ans, l'enfant manifeste la capacité de rapporter des paroles dont il peut indiquer d'une part l'antériorité ou la postériorité par rapport à un moment différent de la parole, d'autre part l'actualité ou la virtualité[3]. Cela apparaît dans les citations directes les plus évoluées:

Valérie 3;6 raconte à sa façon une histoire que sa mère vient de raconter: - ... et chez des aut, y'avait écrit: casserole méchante...
Virginie 3;11 à propos d'une lampe: - tu croyais qu'elle était cassée, moi j'avait dit: non.
Guillaume 3;11: - quand on passe sous un pont, je dis: baissez vos têtes, d'accord?

mais surtout dans les citations indirectes:

Edmond 3;5: - dis, bébé, à Papa qu'il y a du lait sur la cuisinière.
Guillaume 3;6: - vous avez dit que vous changiez de maison.

S. 3;7 : - on s'aime plus, d'accord, on va dire qu'on s'aime plus, toutes les deux.
Virginie 3;10 : - elle dit qu'elle sait faire des lettres, Eva.
Virginie 4;10 : - va dire à Maman que j'ai fini.
A. 4;1 : - c'est le p'tit ours qui dit que c'est lui qui a cassé le pot d'miel.
Brigitte 4;3 : - ... et pi un chinge, Maman elle avait dit qu'il était tué mais il est pas tué.
Béa 5;10 : - tu m'as dit que j'était bœuf!

Plusieurs remarques préalables d'ordre linguistique s'imposent à propos du discours indirect. On sait en effet qu'il suppose la présence d'une **complétive** qui peut être :
- une déclarative, introduite par *que* : je dis que je viendrai ;
- une interrogative indirecte introduite par *si,* en cas d'interrogation totale : il me demande si je viendrai ;
- une interrogative indirecte introduite par un pronom ou adverbe interrogatif, en cas d'interrogation partielle : il me demanda quand je viendrais ;
- un groupe infinitif : il me demanda de venir.

Il suppose également, par rapport au style direct, des transpositions
- de **modes** :
il ordonna : venez !
il ordonna que nous venions.

- de **temps** :
il me demanda : viendras-tu ?
il me demanda si je viendrais.

- et de **pronoms**, comme on peut le voir dans l'exemple précédent. Nous allons donc examiner chacun de ces points.

5.1. Forme des propositions

Coyaud, Sabeau-Jouannet (1970) notent l'apparition de phrases complexes avec conjonction de subordination assez fréquente dès 3 ans 1/2. Dans leurs travaux sur les phrases complexes, Lentin (1971), Chambaz et al. (1975) étudient l'utilisation, chez l'enfant de moins de 6 ans, de vingt-quatre introducteurs de complexité, parmi lesquels figurent le discours indirect, la conjonction *que,* etc. Chez les enfants étudiés, le discours indirect apparaît par exemple aux âges suivants : V.D. 3;7, S.K. 3;11, T.L. 4;1, F.A. 4;9. Nos données confirment l'âge d'apparition du discours indirect aux environs de 3 1/2 - 4 ans. Néanmoins la forme des propositions semble loin d'être parfaitement maîtrisée. Voici l'exemple d'un enfant qui essaie, sans y parvenir, une construction indirecte, et celui d'un autre qui, après une construction indirecte, continue avec une construction directe :

F.A. 4;2: - le p'tit chat il a / il a dit que / que sa maman elle a dit / il a permis / elle a dit sa maman / ...

M.M. 4;8: - et après la maman elle vient et elle dit que c'est pas bien et puis elle dit au chat elle va l'chasser pasqu'elle voit i boit l'miel.

On rencontre parfois chez certains enfants des propositions non précédées de *que*, où les transpositions de pronom et/ou de temps permettent néanmoins de voir une ébauche des citations indirectes :

Céline 2;7 à sa mère qui avait promis de ne plus mordiller un crayon : - tu mords ça ! t'as dit tu mords pas !

S. 2;9 : - elle disait elle mordait.

C'est vraisemblablement que la conjonction *que* n'est qu'une marque de surface de la subordination. L'anglais omet d'ailleurs très normalement la conjontion correspondante *that* dans le même type de citations.

Qu'elles présentent ou non *que*, les subordonnées relevées dans notre corpus sont presque toutes des déclaratives et les interrogatives indirectes sont rares. Leur genèse semble marquée par plusieurs étapes :

1. Utilisation des interrogatives directes :
    - la dame disait : où elle est mes lunettes (Virginie 3;8).
2. Apparition vers 4 ans de *demander*, construit avec une déclarative :
    - je me demandais que y avait pas une boîte dedans (= s'il n'y avait pas une boîte dedans) (Anaïs 4;2).
3. Apparition vers 5 ans des outils syntaxiques permettant de construire la subordonnée :
    - si j'étais un réfléchisseur, tu me demanderais comment on peut faire partir ce chien (Valérie 4;6 - 5 ans).

Quant aux constructions infinitives, elles semblent rares et nous n'en n'avons noté que quelques exemples isolés :

Sylvain 2;3 à sa grand-mère au téléphone : - dis Papi porter chewing-gum (dis à Papi d'apporter du chewing-gum).

Suzanne 2;6 : il y a quinze jours, la cuisinière qui téléphonait a mis Suzanne devant l'appareil et lui a fait dire bonjour à son ancienne bonne. Aujourd'hui elle revoit cette dernière, et à l'instant, elle lui dit : - A. a dit dire bonjour au C... éphone.

Guillaume 3;2 : - il m'a dit de dormir dans sa chambre.

Le discours indirect présente donc peu de variété syntaxique. Rappelons pourtant les travaux de Lentin qui mettent clairement en évidence la possibilité d'exercer ces constructions, de les enrichir et de les améliorer chez l'enfant de moins de 6 ans (Lentin, 1973 b).

5.2. Transposition de modes

On note la transposition précoce de l'impératif en infinitif, bien que, comme nous venons de le signaler, nous disposions de peu de données sur ce type de construction. Les observations de Decroly, de Grégoire ou de Coyaud et Sabeau-Jouannet confirment cette apparition de l'infinitif dès les premières tranches d'âge. Coyaud et Sabeau-Jouannet (1967) sur le sujet qu'ils étudient de 2;3 à 2;8 en signalent des formes fréquentes dès la première période d'enregistrement.

Par contre on ne rencontre pas de transposition d'impératif en subjonctif, bien que dans quelques exemples la complétive ait valeur jussive et soit équivalente à un impératif de style direct :

Virginie 3;11 - va dire à Papa qu'i [ki] vient.

Cette méconnaissance du subjonctif est flagrante également dans d'autres constructions :

Virginie 3;11 : - le petit chien i m'a dit qu'i [ki] voulait que tu fais une niche.

Il est manifestement acquis plus tardivement que l'indicatif. Coyaud et Sabeau-Jouannet n'en ont noté pratiquement aucune forme. Les données de Remacle (1966) vont dans le même sens, puisque les observations qu'il a recueillies sur ses quatre filles ne comptent pas de subjonctif avant 3;6 - 4;0. Encore n'est-il pas vraiment maîtrisé à cet âge. Remacle pense de surcroît qu'il apparaît dans trois constructions privilégiées : *falloir que, vouloir que* et *pour que*. Il ne donne qu'un exemple de discours indirect :

D. 3;9 : - j'ai demandé à Marie-Claire qu'elle aille chercher l'ochet (le hochet).

5.3. Transposition de pronoms

Rappelons que, chez l'adulte, les transpositions s'effectuent de la manière suivante, selon le sujet du verbe déclaratif et selon le locuteur auquel renvoient les pronoms utilisés dans le discours direct :

Tableau: *Le jeu des pronoms chez l'adulte*

Sujet de dire	Pronom dans le discours rapporté	
	direct	indirect
je	je	je
	tu (= interlocuteur)	tu
	tu (≠ interlocuteur)	il
	*il (= interlocuteur)	tu
	il (≠ interlocuteur)	il
tu	je	tu
	tu (= je énonciateur)	je
	tu (≠ je énonciateur)	il
	il (= je énonciateur)	je
	il (≠ je énonciateur)	il
il	je	il
	tu (= je énonciateur)	je
	*tu (= interlocuteur du je énonciateur)	tu
	tu (≠ des deux)	il
	*il (= je énonciateur)	je
	il (≠ interlocuteur du je énonciateur)	tu
	il (≠ des deux)	il

Nous avons marqué d'un astérisque (*) les transpositions non observées dans le corpus. Presque toutes sont représentées, à l'exception, lorsque le sujet de *dire* est *je,* de la forme suivante :

Je (lui) ai dit : il est bête (en parlant de toi)
Je lui ai dit que tu étais bête

et, lorsque le sujet de *dire* est *il,* des formes suivantes :

il (t)'a dit : elle est bête (en parlant de moi)
il t'a dit que j'était bête
il (t)'a dit : tu es bête
il (t)'a dit que tu étais bête

Il est difficile de proposer une interprétation de cette lacune : ces formes sont-elles également rares dans le discours de l'adulte ? sont-elles plus complexes d'un point de vue psychologique ? correspondent-elles à des situations d'énonciation marginales ? On peut en tout cas remarquer qu'elles impliquent la conscience de l'interchangeabilité des rôles de locuteur, d'interlocuteur et de tierce personne. Trois individus sont donc généralement en jeu, ce qui représente la situation la plus complexe, nécessitant une capacité de décentration. Il n'est donc pas étonnant qu'on ne dispose que de rares exemples la manifestant :

Virginie 3;11 : - le petit chien i m'a dit qu'i voulait que tu fais une niche;
le petit chien i m'a dit : je veux qu'il me fasse une niche.

Par contre, lorsque deux individus seulement sont impliqués (locuteur et interlocuteur, tierce personne et locuteur, tierce personne et interlocuteur) les transpositions sont le plus souvent maîtrisées. Ce point trouve confirmation dans les travaux de Streri (1979 a et b).

Les transpositions de pronoms semblent donc pour l'essentiel acquises dès les débuts du discours indirect. On peut s'étonner de la facilité avec laquelle l'enfant les maîtrise, alors qu'elles nécessitent, quand on les décrit, des règles assez complexes. La relation, souvent appelée transposition (Rey-Debove, 1978), généralement admise entre discours direct et indirect existe-t-elle bien ? Nos observations nous amènent à penser que le jeu des pronoms est suffisamment clair par rapport à l'énonciateur sans que l'on ait besoin de faire appel à un changement de référence du locuteur, sujet de l'énoncé, à l'énonciateur, sujet de l'énonciation (Banfield, 1973). D'autres observations vont dans le même sens, ainsi celle de Gross sur l'indépendance des constructions directe et complétive :

« Remarquons... qu'il existe des verbes qui peuvent introduire des discours directs sans accepter de complétive. Nous avons par exemple :

Paul fait à Pierre : 'je suis certain que tu as fait une erreur'
alors que :
*Paul fait à Pierre qu'il est certain que celui-ci a fait une erreur ».

(Gross, 1975, p. 181)

Et ceci sans compter tous les cas où la citation directe ne peut permettre une transformation en citation indirecte :

elle a dit : petite pomme

alors que :

*elle a dit que petite pomme.

Au vu de ces faits, faut-il vraiment poser un lien autre que lexical et sémantique entre une forme antérieure, le discours direct, et une forme postérieure, le discours indirect ?

5.4. Transposition de temps

Elles dépendent du temps du verbe *dire,* selon qu'il est : 1) au présent ou au futur, ou : 2) au passé. Dans le premier cas, le verbe de la déclarative garde le temps qu'il aurait dans une proposition de style direct; dans le second, le présent de la déclarative passe à l'imparfait, le passé composé au plus-que-parfait, et le futur au conditionnel. Nous considérons en effet que le conditionnel constitue un temps et non un mode. Qu'il ait le plus souvent une valeur modale (supposition, éventualité...) n'est pas un obstacle à cette conception, puisque la plupart des morphèmes flexionnels de temps ont en français, outre leur valeur proprement temporelle, une valeur aspectuelle et modale. Futur et conditionnel sont en fait très proches : si le premier est considéré comme un temps de l'indicatif, pourquoi faire du second un mode ? La prise en compte de la morphologie confirme cette analyse, puisque le conditionnel ne présente pas de morphème spécifique, mais combine morphème de futur et morphème d'imparfait. Enfin, sur le plan syntaxique, on observe des distributions parallèles du conditionnel et du futur, le premier apparaissant chaque fois que l'on passe du système du présent à celui de l'imparfait, dans les hypothétiques :

si tu viens, je serai content
si tu venais, je serais content.

et les déclaratives :

je dis que tu viendras
je disais que tu viendrais.

Dans les exemples dont nous disposons avec le verbe *dire* au passé, les transpositions, aboutissant à un imparfait ou à un plus-que-parfait semblent maîtrisées dès 3 1/2 - 4 ans :

Virginie 3;7 : - il a dit que ils s'étaient envolés ses cheveux.

Louis 3;8 : - Clotilde, Maman a dit que c'était trop cher.

Valérie 3;9 : - je disais que j'allais au Parc avec mon petit ami.

Guillaume 3;9 : - i m'a dit que c'était moi qui avais mal.

Brigitte 4;0 : - j'ai dit que que c'était une tortue.

Lorsque la transposition n'est pas effectuée, il s'agit toujours de cas où le verbe introducteur étant au passé composé, l'adulte lui-même hésiterait :

Brigitte 3;9 : - le Père Noël il a dit qu'c'est pas pour Christine la auto et pi l'Père Noël il a dit que c'est pour moi la auto.

A. 4;11 : - elle a dit que si on fait toujours des nœuds on peut pas les défaire.

Par contre, les transpositions aboutissant à un conditionnel ne semblent pas totalement acquises avant 5-6 ans. Ainsi, par exemple, chez Suzanne, on observe aux environs de 5 ans tantôt la présence tantôt l'absence de la transposition :

Suzanne 4;10 : - tu avais dit ce soir que tu partirais.

Suzanne 5;0 : - c'est joli, tu as dit que plus tard, quand je suis grande, elle est pour moi.

Pourtant la forme du conditionnel semble connue dès 3-3 ans 1/2 (Coyaud, Sabeau-Jouannet, 1970) mais elle présente alors sa valeur modale dans les hypothèses, les formes de politesse, ou dans le jeu symbolique.

On note donc une maîtrise différente des temps grammaticaux selon les valeurs qu'ils présentent. On sait en effet que les marques flexionnelles de temps sont susceptibles de trois valeurs différentes :

1. Valeur proprement temporelle : elles peuvent indiquer, sans transposition, la chronologie absolue :

Hier, il faisait beau.
Il naquit en 1812.
Demain sera un grand jour.

et, avec ou sans transposition, la chronologie relative, lorsque le point de référence qui sert à déterminer l'avant et l'après n'est plus le *Je* énonciateur, mais un événement quelconque. Les temps n'indiquent plus alors le passé, le présent ou le futur, mais l'antériorité, la simultanéité, et la postériorité :

Je disais qu'il avait fait beau
        qu'il faisait beau
        qu'il ferait beau.
Lorsqu'il arriva, tout avait été fait
        tout était en train de se faire
        tout devait encore être fait.

2. Valeur modale : exprimées évidemment en priorité par les modes, les valeurs modales peuvent l'être également par les temps. Ainsi le futur peut-il exprimer l'ordre, et, l'avenir étant toujours entaché d'incertitude, l'éventualité. Les valeurs modales du conditionnel, si importantes qu'elles ont pu laisser croire qu'il s'agissait d'un mode et non d'un temps, sont évidentes. Quant à l'imparfait, il peut très bien marquer l'éventualité ou l'hypothèse :

Tu arrivais une minute plus tard, tu ne me trouvais pas.

3. Valeur aspectuelle : enfin les temps peuvent exprimer l'aspect. La définition de l'aspect a suscité une abondante littérature. Nous schématiserons le problème en disant que l'on peut en donner une définition objective, l'aspect exprimant le déroulement de l'action, durative, ponctuelle, itérative, résultative, etc., mais aussi une définition subjective, l'aspect exprimant la façon dont l'énonciateur conçoit ce déroulement. C'est cette deuxième conception qui paraît la plus acceptable, dans la mesure où la durée ou la nature d'un événement étant relatives, l'intervention d'une conscience apparaît nécessaire. Ainsi *naître,* dont on pourrait penser qu'il exprime intrinsèquement

une action ponctuelle, peut-il malgré tout s'utiliser aussi bien au passé simple (*il naquit en 1812*) qu'à l'imparfait (*le 12 août 1812, naissait à Paris, Monsieur X, appelé à un brillant avenir*). C'est que dans le second cas, sont envisagés tous les prolongements de cette naissance prometteuse, alors que dans le premier seul importe l'événement clos sur lui-même. Une question intéressante que l'on peut donc se poser consiste à se demander si l'enfant manie également bien ces différentes valeurs, temporelle, modale et aspectuelle des temps grammaticaux.

On dispose dans la littérature de l'hypothèse de Bronckart (1976) et Ferreiro (1971) selon laquelle les valeurs aspectuelles seraient les premières à apparaître. Bronckart présente à l'enfant des situations dans lesquelles il l'invite par exemple à décrire des actions, qu'il a lui-même jugées résultatives (le chat renverse la bouteille, l'oiseau vole sur le toit de la maison, la tortue avance jusqu'aux maisons) ou non résultatives (le canard nage en rond dans le lac, la toupie tourne sur place). L'enfant est invité à décrire ces événements sur le champ (situation 1), ou après un délai de sept secondes (situation 2), ou encore à se rendre dans la pièce voisine pour les raconter à une tierce personne (situation 3). Au vu des résultats qu'il obtient, il conclut que «les enfants, bien qu'ils produisent abondamment les flexions verbales courantes, ne les comprennent ni ne les utilisent pour exprimer des relations temporelles» (p. 39), mais que «toutes ont été insérées dans le cadre de la fonction aspectuelle» (p. 73). Il signale pourtant un résultat qui nous semble s'inscrire en faux contre cette hypothèse. En effet, si le «délai de production» s'accroît et que le contexte d'énonciation et l'interlocuteur changent (situation 3), le temps massivement employé est alors le passé composé. Nous interprétons ce résultat de la façon suivante: lorsque l'enfant reste dans la même situation d'énonciation avec le matériel sous les yeux et sans véritable décalage temporel, il est normal qu'il ne songe pas à marquer une chronologie alors inexistante; lorsqu'au contraire un décalage spatial et temporel, bien que minime, intervient, il marque cette chronologie.

Ferreiro, dans un travail qui sert de référence à Bronckart, présente à l'enfant des situations dans lesquelles elle lui demande par exemple:
1. de décrire les actions, en rapport de succession ou de simultanéité, de deux agents (poupées, voitures, animaux...);
2. de raconter la même chose en commençant par le deuxième agent;
3. de mimer à l'aide de jouets des énoncés du type:
la fille a lavé le seau et le chat le renversera
la fille a cassé un bâton et avant le garçon a renversé le panier
le garçon a conduit le camion quand la fille avait nettoyé le garage

le chien court quand la voiture roule
quand le garçon a conduit le camion, la fille avait nettoyé le garage
quand le garçon descendra les escaliers, la fille sera montée.

Ferreiro conclut que dans ce contexte expérimental les temps des verbes renvoient d'abord aux caractéristiques aspectuelles (accomplissement, durée, résultat...) des événements présentés, avant de renvoyer à leurs caractéristiques temporelles. Ce n'est que tardivement que l'enfant utilise, dans ce contexte, les temps des verbes et des oppositions entre temps des verbes dans des phrases complexes pour indiquer les relations qu'entretiennent ces événements:

«... au début, les temps des verbes n'expriment pas un temps relatif (pas plus l'antériorité ou la postériorité relatives que la simultanéité). Les temps des verbes peuvent être utilisés pour rendre compte des caractéristiques particulières à chaque action en soi (son accomplissement, sa durée, — ou, plutôt, une impression de durée qui n'implique nullement une évaluation quantitative, impossible d'ailleurs sans une comparaison entre des durées différentes — etc.). En d'autres termes, les valeurs d'aspect seraient acquises plus précocement que celles du temps relatif. Bien entendu, un sujet de ce niveau comprend parfaitement des énoncés tels que "nous irons à" ou "nous sommes allé à..." comme se rapportant, respectivement, au futur ou au passé. Mais il ne s'agit alors que de déterminer une antériorité ou une postériorité en prenant le moment actuel comme point de référence». (Ferreiro, 1971, p. 371).

Les résultats de Ferreiro soulèvent, de notre point de vue, deux problèmes bien différents, celui de la chronologie absolue, déjà vu chez Bronckart, où l'enfant marque un passé ou futur par rapport à son présent et celui de la chronologie relative où il marque une antériorité ou une postériorité par rapport à l'une des actions à décrire choisie comme point de référence. On ne s'étonnera pas que cette chronologie relative soit d'acquisition tardive, puisqu'elle suppose, sur le plan cognitif, la capacité de choisir un point de référence temporel autre que le moment de l'énonciation et, sur le plan linguistique, l'acquisition d'un système de couplage entre temps, complexe, variable d'une langue à l'autre puisque le français dit: *je partirai quand il viendra* là où l'anglais dit: *I'll go when he comes* et, à l'intérieur d'une langue, selon le type de subordonnées, selon les conjonctions et les adverbes utilisés, et selon le lexique (Gross, 1977).

Nos observations ne sont donc pas en contradiction avec les résultats expérimentaux de Ferreiro et Bronckart; elles mettent en évidence que l'enfant, dans ses productions spontanées, utilise les temps des verbes (passé composé, futur, imparfait, plus-que-parfait et conditionnel) et des oppositions entre temps des verbes, pour établir des renvois au passé et au futur en prenant la situation d'énonciation comme point de référence, plus tôt qu'il n'utilise les temps des verbes pour indiquer des relations entre deux événements, l'un servant de point de repère temporel, différent du moment de la parole, à partir duquel décrire l'autre.

Nos observations, comme celles de Grégoire, Sabeau-Jouannet, Lentin, remettent néanmoins en cause l'hypothèse génétique selon laquelle les marques flexionnelles de temps chez l'enfant indiqueraient d'abord l'aspect avant de marquer une chronologie. S'il est vrai que l'aspect est toujours le résultat d'un jugement de l'énonciateur envisageant une action en liaison avec d'autres actions et avec lui-même, il implique toute une série d'évaluations, de rapprochements, de comparaisons, dont il serait bien étonnant que l'enfant puisse les maîtriser si tôt.

5.5. Les fonctions

Plus encore que la citation directe, la citation indirecte semble être l'un des moyens utilisés par le jeune enfant pour formuler des demandes indirectes :

Ma. 3;9 accepte un jeu mais précise : - oui, mais après, je veux aller me promener, Mémé m'a dit qu'elle m'attend.

Virginie 3;8 : - tu m'avais dit que tu me donnais un autre bonbon.

Suzanne 4;10 : - tu t'en vas vite... tu vois bien que je joue encore, et tu avais dit ce soir que tu partirais.

François (1977) relève les premières tentatives de sa fille pour arriver à ses fins par voie indirecte à un âge équivalent. Quant à Bates (1976), elle décrit l'apparition des demandes indirectes chez les deux enfants italiens qu'elle observe entre 3-4 ans : ces deux enfants utilisent pour formuler ces demandes des requêtes interrogatives indirectes, des menaces ou des promesses ainsi que l'imparfait, qui permet d'adoucir une demande. La citation indirecte semble donc remplir exactement les mêmes fonctions que la citation directe, en l'occurrence une fonction d'amplification et d'insistance.

6. DISCUSSION

6.1. De la citation directe à la citation indirecte

L'évolution que nous avons décrite — de la référence à l'acte de dire à la citation directe puis à la citation indirecte — peut être conçue comme un processus d'extraction et de décontextualisation. Dès deux ans, l'enfant prend conscience de son rôle de locuteur; il observe ses propres comportements linguistiques et peut se référer à eux — ou tout au moins à certains d'entre eux: saluts, ordres, bons mots, jeux sonores — s'il vient juste de les produire et s'ils ont, semble-t-il, retenu l'attention d'un interlocuteur. A partir de deux ans et demi - trois ans, l'enfant extrait dans les comportements linguistiques de locuteurs particuliers des propos de toutes sortes (exclamations, gros mots, noms, mots inhabituels, etc.), propos dont il indique l'antériorité ou la postériorité par rapport au moment où il parle (chronologie absolue); il ne se réfère pas simplement aux propos qu'il extrait, mais véritablement les cite puisqu'il utilise le verbe *dire* comme introducteur d'une proposition indépendante, terme ou syntagme: / *dire: X* /. Et enfin, à partir de trois ans et demi - quatre ans, l'enfant utilise le verbe *dire* comme introducteur d'une proposition subordonnée: / *dire que X* /. Il peut alors indiquer l'actualité ou la virtualité des propos qu'il cite, et leur antériorité ou leur postériorité par rapport à n'importe quel événement choisi comme repère temporel (chronologie relative). Cette évolution est donc extraction de plus en plus poussée des propos de locuteurs particuliers et de leur signification.

Au vu cette évolution, on comprend aisément que le discours direct précède le discours indirect. N'impliquant ni subordination, ni transposition d'aucune sorte, il est plus simple et plus maniable. Il permet surtout de reproduire fidèlement les paroles dans leur contenu et dans leur forme, alors que le discours indirect ne transmet que le contenu des paroles citées, dont il modifie l'expression. Le premier n'est que du discours rapporté, alors que le second est du discours relayé. On opposera ainsi:

	il lui a dit: tu partiras demain
vs	il lui a dit qu'elle partirait le lendemain
	il lui a dit en anglais: you are stupid
vs	il lui a dit en anglais qu'elle était stupide.

Dans le discours indirect, l'enfant conserve une information sémantique tout en transposant la forme, ce qui suppose qu'il soit capable d'une abstraction de la signification sur laquelle nous reviendrons ultérieurement. Cette conservation d'un invariant sémantique à l'intérieur d'un système de transformations morphosyntaxiques requiert évidemment un niveau de développement plus évolué que la simple mémorisation ou annonce d'un énoncé.

6.2. Le champ lexical des termes qui introduisent des citations

Il se répartit en deux champs. L'un, spécialisé, a trait à l'écriture (*écrire, noter, marquer...*), l'autre a trait à la parole. C'est le mieux représenté et c'est celui sur lequel nous insisterons. Là où l'adulte dispose d'une grande variété de termes déclaratifs introduisant la citation (*déclarer, prétendre, remarquer, murmurer, hurler...*) et spécifiant les diverses caractéristiques de l'énonciation (nature de l'information, intensité de la voix, etc.), l'enfant semble ne disposer que d'un vocabulaire très pauvre. Dans nos exemples on compte en effet sept termes dont les fréquences sont les suivantes :

dire	87 %
appeler	4 %
faire	3 %
chanter	2 %
demander	1 %
répondre	1 %
crier	1 %

Faire et *dire* apparaissent tôt, dès 2 ans. *Demander* au contraire apparaît tardivement. S'il est connu dès 2 ans avec le sens de *réclamer*, il n'apparaît pas avant 4 ans pour introduire une citation. Si l'on examine les emplois de ces trois verbes dans notre corpus, afin de préciser leur sens, on constate que *faire* a la plus grande extension, puisqu'il est utilisé pour les bruits, pour les cris d'animaux, et comme synonyme de *dire*, avec lequel il partage certains contextes. Comme *dire*, *faire* est parfois accompagné d'une phrase citée :

Jean-Paul 2;4 : - puis, alors Jean-Paul... il est parti, ha oui rien du tout, et puis l'autre i fait: oui oui alors il faisait Bébé Bébé arrive ! i criait comme ça et disait : Bébé Bébé Bébé... i avait peur.

On notera cependant que ce type d'emploi est rare et que, comme d'ailleurs chez l'adulte, *faire* ne se présente pas avec une subordonnée déclarative introduite par *que* (*faire* a ici un emploi parallèle au *go* anglais). Néanmoins, au-delà de 4 ans, *faire* n'est plus utilisé que pour faire référence à un bruit. *Dire* a un emploi plus spécifique que *faire* : il n'est employé que pour le langage humain. Pourtant, il a lui aussi une grande aire d'emploi. Il est utilisé pour les déclarations et les reports, l'insistance, l'ordre ou la décision, tous emplois qui sont d'ailleurs conformes à ceux de l'adulte bien que celui-ci puisse employer des verbes plus spécifiques (*déclarer, avancer, ordonner, insister, maintenir, décider*, etc.). Enfin *dire* est utilisé pour indiquer une demande à la place de *demander*. Il apparaît donc comme un terme général.

Les seuls termes tant soi peu spécifiques dans le corpus sont *demander, raconter, parler, chanter, répondre* qui n'apparaissent pas avant 3 1/2-4 ans. *Demander*, connu tôt dans le sens de *réclamer*, n'acquiert que tardivement le sens de quête d'information. C'est chez un enfant de 4 ans qu'il apparaît pour la première fois comme verbe introducteur d'une citation :

Mathieu 4;0 : - on peut demander : a soif ?

Encore peut-on penser que *demander* a ici un sens très proche de *réclamer* et que peut-être *a soif* n'est pas une proposition mais un synonyme de *à boire*. Le premier emploi net où *demander* a un sens interrogatif et se construit avec une proposition est le suivant :

Anaïs 4;3 : - je me demandais que y avait pas une boîte (= s'il n'y avait pas une boîte).

Tout au long de la période qui nous intéresse, *dire* continue à être le plus fréquent.

Le champ d'*écrire*, moins bien représenté que le précédent, permet d'aboutir aux mêmes conclusions. On rencontre en effet le verbe *faire* avec un emploi parallèle à *écrire*. C'est ce dernier qui est le plus fréquent. Il est représenté très tôt dans le corpus et ce n'est qu'après 3 ans 1/2 qu'apparaissent des verbes plus diversifiés, comme *marquer* ou *noter*.

On peut donc conclure à la pauvreté du lexique des verbes qui introduisent une citation, lexique caractérisé par la présence quasi exclusive de termes génériques (Fabre, 1982).

On peut rapprocher cette observation de celles faites par Bronckart (1976) dans son étude sur l'organisation des formes verbales chez l'enfant. De 3 ans à 3 ans 1/2, il ne rencontre guère que des verbes «qui ont une signification très globale» (p. 73). De 3 ans 1/2 à 6 ans, «la diversité des verbes utilisés est considérable» (p. 74), mais il note encore, durant cette période, une forte proportion de verbes «globaux» et une proportion encore plus élevée de ce qu'il appelle des verbes «standard», i.e. des verbes qui correspondent un peu plus spécifiquement à l'action qu'il s'agit de décrire et qu'il nomme ainsi en raison de leur «fréquence» et de leur «pertinence» (p. 74). Ce n'est qu'après 6 ans qu'il relève des verbes différenciés. L'acquisition du lexique se fait donc dans l'ordre d'une spécification croissante.

6.3. La représentation sémantique de *dire*

L'évolution de la représentation sémantique de *dire* est d'abord liée à l'enrichissement du lexique de l'enfant. Au fur et à mesure que le champ lexical des termes qui permettent d'introduire une citation s'organise (*raconter, parler, demander, chanter*, etc.), le sens de chacun des termes, et en particulier de *dire*, se modifie et se spécialise; chez l'enfant comme chez l'adulte, le sens des termes d'un champ sémantique varie avec le nombre des termes de ce champ. Cette évolution reflète également l'évolution des représentations sémantiques de l'enfant que Bramaud du Boucheron (1981) décrit en trois étapes :

- La première est celle des représentations concrètes de situations dont les composantes ne sont pas différenciées et celle des représentations globales directement issues de l'expérience de l'enfant. Celui-ci peut se référer à l'acte de parole qu'il vient juste de produire : *dire* est représenté en tant qu'activité de l'enfant lui-même, qui vient juste d'avoir lieu dans un contexte précis, et qui a retenu, d'une manière ou d'une autre, l'attention d'autrui.

- La deuxième est celle des représentations prototypiques d'actions bien différenciées mais représentations toujours concrètes et liées à des actions particulières. L'enfant peut citer les paroles particulières de locuteurs particuliers et indiquer l'antériorité ou la postériorité de celles-ci par rapport au moment où il parle. *Dire* est donc représenté comme une activité bien différenciée, mais relative au point de vue de l'enfant.

- La troisième est celle des représentations analytiques et abstraites où chaque représentation devient un complexe d'attributs et de relations. L'enfant peut citer les paroles de n'importe quel locuteur, paroles dont il peut indiquer l'actualité ou la virtualité, l'antériorité ou la postériorité par rapport à un moment différent de celui où il parle. La représentation sémantique de *dire* tend à devenir celle d'une activité réelle ou potentielle, bien différenciée, spécifique et indépendante du point de vue de l'enfant. L'enfant, dès cette étape, commence à en analyser les caractéristiques.

7. CONCLUSION

Ce premier chapitre nous aura permis de faire le point sur quelques aspects de l'acquisition du langage par l'enfant, tels que l'emploi des temps, la subordination ou le lexique. Mais surtout, il aura mis en évidence que le facteur essentiel qui caractérise le développement de la connaissance et de la conscience qu'a l'enfant du langage est un processus d'extraction et de décontextualisation du signe. Les chapitres suivants préciseront la nature et les étapes de cette abstraction.

NOTES

[1] Nous distinguons les unités de discours et les unités de langue. De ce fait, nous appelons énoncés les productions linguistiques de l'enfant en situation, et nous appliquons le terme de proposition aux unités linguistiques composées d'un verbe à un mode personnel et des groupes nominaux qui peuvent l'accompagner (sujet et compléments). Un énoncé peut, ou non, comprendre une (ou plusieurs) proposition(s).

[2] Dans un petit nombre d'exemples, la citation précède le verbe déclaratif :

Jean-Paul 2;11 : - mais pourquoi il est pas là, te dis!

Gabriel 5;7 : - c'est le beurre, Mamie l'a dit.

La proposition peut n'acquérir statut de citation que rétrospectivement, comme dans :

Suzanne 3;8 : - il est allé dans le train, Papa, Maman a dit ça.

Suzanne 4;1 : - demain, je vais promener avec Maman, Maman a dit ça.

où la proposition énonce d'abord un événement, qui se trouve garanti par le fait qu'il représente de surcroît les paroles d'une autorité.

[3] Les paroles virtuelles rapportées par l'enfant, impliquant nécessairement l'expression d'une modalité, ne sont pas analysées ici; elles seront prises en compte dans le chapitre sur les commentaires.

Chapitre II
Les constructions présentatives

1. LA PRESENTATION

Construction linguistiquement très simple, la présentation contribue probablement à l'enrichissement des connaissances lexicales chez l'enfant de moins de 6 ans. Elle est l'une des premières constructions attestées et elle lui permet de poser ses premières questions, les questions de nom (*qu'est c'est ça? c'est ça? quoi c'est ça?*). Elle est ensuite le cadre dans lequel il construit ses définitions initiales (*c'est un, c'est pour, c'est quand...*). Il l'utilise un peu plus tard pour établir ses premières comparaisons entre signes (*c'est comme*), pour poser ses premières questions sur eux et en faire mention. Enfin, dans la mesure où il apprend à l'utiliser pour se référer explicitement au sens des signes, elle devient l'outil grâce auquel il précise ses connaissances lexicales. Des premières questions de nom à l'ébauche du fonctionnement autonyme puis à l'analyse de la signification, la présentation fait apparaître une analyse de plus en plus poussée du signe, de son fonctionnement et de ses composantes. D'apparition précoce, cadre des premières définitions, comparaisons et mentions, la présentation constitue un champ privilégié pour l'analyse du fonctionnement des déterminants chez l'enfant. On sait en effet que ceux-ci ont, chez l'adulte, un comportement spécifique dans l'autonymie et la définition : en va-t-il de même chez l'enfant ? L'étude conjointe des constructions présentatives et du fonctionnement des déterminants devrait nous permettre d'apporter un début de réponse à cette question.

2. DEFINITION DE LA PRESENTATION

La présentation se définit du point de vue linguistique par un trait morphosyntaxique, la présence, dans l'énoncé de l'enfant, d'un élément démonstratif, *ça* ou *ce (c')*. Selon cette définition très large, nous devrions englober dans ce chapitre les quatre catégories d'énoncés suivantes :

1. Eva 1;9 entend des parasites à la radio et demande : - est c'est ça ?

   Sylvain 1;11 montrant une mandarine : - ça c'est une rine.

   Gabriel 2;4, alors qu'on s'assied à la place de Marlène : - c'est la place de Malène.

2. Jérémy 3;11 : - yolanana, c'est bonjour (en tahitien).

   Delphine 3;9 : - c'est quoi boire un coup ?

   Jérémy 4;4 : - c'est quoi énervé ?... c'est quand je fais le clown ?

   Valérie 4;1, alors qu'on parle à la TV d'un Monsieur Paquet : - c'est un Monsieur qui porte des paquets.

3. Jérémy 3;11 : - nana ça veut dire au revoir (en tahitien).

   Gabriel 4;3 : - plus de neige, ça veut dire qu'il y en a pas ?

   Laetitia 4;10 : - ficelle, c'est comme vermicelle.

   Gabriel 5;6 : - j'ai fini avant toi; avant ça veut dire j'ai fini d'abord et toi après.

4. Guillaume 2;3 montrant son petit frère : - ça s'appelle un bébé.

Nous restreindrons la présentation aux trois premiers groupes de conduites, sur la base d'un trait syntaxique et d'un trait lexical : la présence d'une construction en *c'est + attribut* ou en *vouloir dire + complément d'objet*. Nous envisagerons dans un autre chapitre les constructions comportant le verbe *s'appeler,* qui mérite une analyse spécifique.

Sur le plan psychologique, la présentation se définit :

- soit par un renvoi à un vécu et à son nom (objet, événement, personne, position, propriété des objets, etc...) lorsque l'enfant interroge sur ce vécu ou le nomme (voir 1er groupe de conduites);

- soit par un renvoi à un ou plusieurs signes lorsque l'enfant interroge sur ce signe ou le définit, le justifie ou l'explique : renvoi à d'autres signes présents dans le contexte (inter ou intra-énoncés) ou renvoi au système linguistique (voir 2e groupe de conduites);

- soit par un renvoi à l'une des composantes du signe lorsque l'enfant interroge sur sa signification, la définit ou compare sa forme (voir 3e groupe de conduites).

On pourra s'étonner que figurent dans un travail portant sur la conscience que le jeune enfant a du langage des énoncés qui apparemment portent sur les choses. Si nous les avons retenus, c'est qu'ils constituent une étape vers la présentation des signes.

Nous avons regroupé dans ce chapitre formes affirmatives et interrogatives: ces deux formes sont en effet reliées par une construction commune, elles sont également utilisées par les enfants dans chacune des trois étapes que nous allons décrire et apparaissent dans les mêmes situations.

3. PREMIERE ETAPE: LA PRESENTATION DES CHOSES ET DU NOM DES CHOSES

Dès le début des énoncés à deux mots, l'enfant interroge son entourage sur les choses, ce qui revient généralement à en demander le nom. Parallèlement, il commence à présenter les choses qu'il connaît en les désignant par leur nom. Les renvois qu'il établit durant cette période sont de manière indifférenciée renvoi aux choses et renvoi aux noms des choses. En effet, comme Piaget l'a montré, le nom est d'abord, pour le jeune enfant, indissociable de la chose qu'il désigne, et réciproquement. Il en est une partie essentielle. «Quand les enfants en bas âge demandent 'qu'est c'est' d'un objet inconnu, c'est au nom de l'objet qu'ils en veulent et ce nom tient lieu pour eux, non seulement de symbole, mais de définition et même d'explication» (Piaget, 1972, p. 193). Et encore: «En apprenant le nom des choses, l'enfant de ce stade croit faire bien plus, il croit pénétrer dans l'essence de la chose et découvrir une explication réelle. Dès que le nom est trouvé, il n'y a plus de problème» (Piaget, 1972, p. 55). Interroger sur le nom des choses ou présenter les choses par leur nom sert donc autant, chez le jeune enfant, à définir la chose, la décrire, l'expliquer, qu'à la symboliser.

Quels sont les moyens linguistiques utilisés dès cette période pour interroger sur les choses ou sur leur nom, ou pour présenter les choses, c'est-à-dire en présenter le nom? Nous distinguerons deux constructions: les constructions en *ça* qui apparaissent avant 2 ans, et les constructions en *c'est* qui apparaissent un peu plus tardivement, vers 2 1/2-3 ans.

3.1. Les constructions en *ça*

Dans notre corpus, les formes interrogatives apparaissent un peu avant les formes affirmatives. Pas plus les unes que les autres ne sont précédées d'un contexte qu'elles reprendraient. Les premières se présentent comme suit:

Eva 1;1 à 1;4: - est ça? [esa] qu'est c'est ça? [kesesa] c'est ça? [sesa]
Sylvain 1;6: - qu'est c'est c'est ça? [kesesesa]
Eva 1;9: - est c'est ça? [esesa]
Jean-Paul 2;0: - que c'est? [kəse]
Eva 2;5: - qu'est c'est c'est? [kesese]
S. 2;7: - qu'est c'est ça? [kesesa]

Les différentes transcriptions orthographiques proposées sont criticables, en ce qu'elles imposent le système de l'adulte sur les productions de l'enfant. Sans doute vaudrait-il mieux dire qu'on y reconnaît la présence d'un élément démonstratif, dont la nature semble assurée par les gestes dont l'enfant l'accompagne (pointer, regarder, toucher, etc.) et qui se retrouve dans les constructions affirmatives: *ça* ou [*se*] et d'un élément interrogatif qui prend différentes formes ([kese], [kesese], [ese], [se], [e]) et dont il est hors de question qu'il puisse se laisser décomposer en morphèmes. A peine postérieures à ces interrogations apparaissent les formes affirmatives correspondantes:

Eva 1;9: - ça minou.
Eva 2;5: - ça, c'est un bonhomme.
Claire 2;3: - ça, c'est un bus.

La forme constante est l'élément démonstratif *ça*, auquel l'enfant relie un élément nominal: *minou, ballon* ... Ces deux termes seuls sont fondamentaux tandis que *c'est* n'est pas, à ce stade, indispensable. Lorsqu'il est présent, il n'a en effet qu'un rôle d'articulateur, de copule transparente, simple élément grammatical sans valeur sémantique. Dans plusieurs langues, en pareil cas, on a d'ailleurs une phrase nominale, ainsi en arabe ou dans les langues anciennes. Il est donc bien difficile de savoir quelle fonction *c'est* peut avoir chez l'enfant, d'autant que l'on ne peut le caractériser que négativement, comme n'étant pas obligatoire et pas susceptible de flexion: ni temporelle (à cette étape, *c'est* est relié exclusivement au vécu actuel de l'enfant), ni numérale (Eva 2;0: - *ça c'est des bambis*). C'est donc plutôt *ça* qui semble porter le poids de la présentation et *ça c'est* apparaît comme une variante, dont la fréquence augmente toutefois avec l'âge.

Les substantifs qui sont attributs de *ça*, directement ou par l'intermédiaire de *c'est* dans la construction affirmative sont, ou ne sont pas, précédés d'un article. On trouve trois configurations:

déterminant zéro: ça minou (Eva 1;9).
article partitif: du fromage ça [dysoma] (Eva 1;10).
article indéfini: ça, c'est un bus (Claire 2;3).

En réalité, il y a toutes chances pour que la forme *du* n'ait rien à voir avec l'article partitif. Il s'agit d'une occurrence isolée, et il faut noter qu'au même âge, Eva dit *un pain* [epa] là où l'on attendrait *du* si l'article partitif était maîtrisé. Devant ce type d'exemples, rien n'autorise à délimiter dans [dysoma] deux morphèmes (voir Sourdot, 1975, p. 103). *Un,* au contraire, semble bien fonctionner dès cette étape comme un déterminant du nom. Il est attesté de façon stable chez plusieurs enfants, et surtout il se prête à la flexion en genre et en nombre. Ainsi chez un même sujet :

Eva 2;0 à propos d'une image : - ça c'est des bambis, ça.

Eva 2;5 sa mère dessine, Eva commente : - ça c'est un bonhomme, ça c'est une petite fille.

C'est donc le seul article qui apparaisse de façon stable et régulière dans ces situations où l'enfant désigne un objet qu'il présente en le nommant.

Ces faits sont en accord avec les analyses de Karmiloff (1979) sur la genèse des déterminants. Les enfants de langue française qu'elle étudie commencent ou par omettre tout déterminant ou par utiliser une forme indifférenciée, ni *un* ni *le* que Karmiloff transcrit *euh*. La fonction de cette forme unique paraît être de distinguer, selon qu'ils la présentent ou ne la présentent pas, d'une part les termes d'objets (thing-like words) des termes d'actions (action-like words), d'autre part les noms communs des noms propres. Les données de notre corpus ne nous permettent ni d'infirmer ni de confirmer les hypothèses de Karmiloff en ce qui concerne la distinction entre termes d'objets et termes d'actions. Quant à la distinction entre noms communs et noms propres, nous y reviendrons à propos des énoncés qui comportent le verbe *s'appeler*.

L'acquisition des articles est marquée ensuite, dès 2-2 ans 1/2, par l'apparition simultanée de *un* et de *le*, rapidement susceptibles d'être fléchis en genre et en nombre. *Le* présente une valeur déictique et renvoie toujours à un fragment de la situation sur lequel l'enfant attire l'attention. Son emploi est fréquemment accompagné du geste de pointer. *Un* sert à nommer, l'enfant de cet âge n'employant jamais l'article défini pour cette fonction : «The indefinite article is initially used as part of a procedure for naming, i.e. in its appellative or nominative function [...] when the small child wishes to furnish the name of something, he uses the indefinite article in every case, and [...] when he wishes to focus attention on an object, he uses the definite article» (Karmiloff-Smith, 1979, pp. 216-219).

Ainsi, dans notre corpus, lorsque Eva 2;5 commente les dessins de sa mère en ces termes :

- ça c'est un bonhomme, ça c'est une petite fille; il y a une vache ici?... y a pas la queue; voilà la vache; ça c'est un petit veau; ça c'est une vache.

elle emploie l'article défini lorsqu'à la suite de la question elle concentre son attention sur la vache à l'exclusion des autres dessins; elle emploie l'article indéfini lorsqu'elle commente successivement chacun des objets dessinés et les nomme au fur et à mesure. Cet emploi de *un* pour donner un nom aux choses se rencontre également dans les énoncés qui comportent le verbe *s'appeler* qui offrent soit une absence d'article :

Eva 2;8 : - moi ze m'appelle petite fille.

Virginie 2;10 : - le petit cochon s'appelle bébé.

soit, à la différence de l'usage des adultes, l'article *un* :

Guillaume 2;3 montrant son petit frère : - ça s'appelle un bébé.

Virginie 2;9 à sa sœur : - toi tu t'appelles un garçon.

Virginie 4;0 : - je m'appelle une sorcière.

L'article indéfini acquiert ensuite, vers 5-6 ans, une fonction de quantification, et l'article défini ce que Karmiloff appelle une «fonction exophorique». Par cet emploi l'enfant ne se focalise plus exclusivement sur un objet, mais peut prendre en compte la relation d'un objet aux autres objets, utilisant l'article indéfini lorsqu'il se réfère à un objet parmi plusieurs, identiques, l'article défini lorsqu'il se réfère à un objet parmi plusieurs, différents (*j'ai caché une balle et le camion*).

Ce n'est pas avant 5-6 ans que l'enfant acquiert, en relation avec l'inclusion des classes, la distinction entre *les* et *des*. *Les* peut être utilisé simultanément comme indice de pluralité et de totalité (*Les garçons jouent au football* pour se référer aux garçons qui tous jouent au football). *Des* est utilisé pour renvoyer à une sous-classe (*des garçons jouent au football, d'autres à la pétanque,* pour se référer à une partie des garçons).

Vers 8-9 ans, *un* peut être utilisé pour une référence non spécifique (*un lion, c'est cruel*); l'article défini acquiert une valeur anaphorique, c'est-à-dire qu'il peut renvoyer à un élément du contexte linguistique (*une voiture touche le garçon et puis la voiture touche la fille*). Le dernier emploi à apparaître chez l'enfant est celui de *le* avec valeur générique (*le chien est l'ami de l'homme*).

Ces différentes acquisitions peuvent se regrouper en trois phases :

• Durant la première, qui s'étend de 3 à 5 ans, l'enfant n'est pas conscient de la pluralité de fonction des déterminants, auxquels il n'attribue qu'une valeur descriptive.

- Durant la deuxième, qui va de 5 à 8 ans, il devient capable de donner une valeur vraiment déterminative aux articles. Il essaie de différencier les fonctions des déterminants par des marques qui paraissent redondantes aux yeux de l'adulte, ne plaçant pas dans un déterminant la charge de convoyer plus d'une fonction (ainsi *la même vache* est utilisée pour référer au même objet, *la même de vache* ou *une même de vache* pour référer à la même sorte d'objet; *j'ai une vache* pour une référence quantitative, *j'ai une de vache* pour une référence non spécifique).

- Dès la troisième, qui débute vers 8 ans, l'enfant attribue aux déterminants un statut plurifonctionnel; ils semblent être dorénavant organisés en un système. Les formes redondantes disparaissent, l'enfant semble éviter la surdétermination et distinguer clairement entre ce qui doit être dit et ce qui peut ne pas l'être. Seules, évidemment, les deux premières phases nous concernent ici.

3.2. Les constructions en *c'est*

Dès 2 ans chez certains enfants, mais plutôt aux alentours de 2 1/2-3 ans, l'enfant devient capable d'utiliser la construction présentative en l'absence de *ça*. Le poids de la présentation est donc porté par *c'est*. Grâce à la valeur de *c'*, cette construction permet à l'enfant d'établir un renvoi à l'intérieur d'un même énoncé ou entre deux énoncés :

a) Renvoi intra-énoncés :

S. 3;3 : - c'est aujourd'hui, demain ? non ? pas encore ?
Gabriel 4;2 : - André, c'est d'autre quelqu'un.

b) Renvoi inter-énoncés :

Delphine 3;3 : X - qu'est-ce que c'est un dudu ? (yoghourt, dans le langage familial)
               D - c'est pour manger.
Valérie 3;6 : X - qu'est-ce que c'est un sicor ?
             V - c'est un animal qui est gros et très méchant !

Ce type de renvois apparaît principalement lorsque l'enfant reprend un terme d'un énoncé d'autrui. Ils apparaissent plus rarement lorsqu'il reprend un terme d'un de ses propres énoncés :

Valérie 3;4 : - Paul et Nany (nom d'un magasin), non, c'est Paul et Mamy.
Valérie 3;4 : - c'est bon, comme du cochon, un régal, un poison c'est un poisson mon pâté.

Les renvois que l'enfant établit à l'aide de cette construction sont, comme précédemment, renvoi aux choses et renvoi aux noms des choses; néanmoins ils deviennent plus nettement renvoi aux noms des choses. Comme nous l'avons vu, le nom tient lieu, chez le jeune enfant, de description, de définition ou d'explication de la chose et est indissociable de la chose qu'il désigne, il ne requiert lui-même aucune définition ou description, aucune explication. Il se justifie par la simple existence de la chose. Dès l'acquisition des constructions en *c'est* qui permettent l'établissement de renvois inter- ou intra-énoncés, l'enfant s'oriente vers une dissociation des noms et des choses. En effet, il commence d'une part à décrire, définir ou expliquer les choses et les noms qu'il présente, d'autre part à contester et corriger les noms qu'autrui attribue. La relation entre le nom et la chose semble déjà ne plus être indissociation, mais plutôt participation et adéquation.

Voyons plus précisément les caractéristiques linguistiques de cette construction :

A. La valeur de c'est

On serait tenté d'attribuer à *c'* dans *c'est* une double valeur : élément d'insistance (*cette dame, c'est une bergère* vs. *cette dame est une bergère*) et anaphorique (*kè c'est ce livre? c'est bamab bouni bom*).

Valeur d'insistance : *c'est* est en effet un élément de mise en relief et peut dans la langue de l'adulte donner lieu à un détachement, en alternance avec *il,* selon la nature de l'attribut :

mon frère, c'est un médecin.

mon frère, il est médecin.

De fait, les formes de reprise en *il* se rencontrent fréquemment chez l'enfant; dans notre corpus elles paraissent parfois tout à fait interchangeables avec *c'est* :

Virginie 3;6 : - papa il est pas un garçon, il est une fille.

Valeur anaphorique, puisque *il* remplace et reprend un segment antérieur comme par exemple *ce livre* dans l'énoncé de Valérie 3;4 :

- kè c'est ce libre? c'est bamab bouni bom.

Très tôt, l'enfant semble capable, à propos de *c',* de renvois intralinguistiques. Il faut néanmoins nuancer cette observation en la comparant aux analyses de Karmiloff sur l'article défini. Karmiloff montre que l'enfant passe progressivement de l'emploi déictique de l'article défini à un emploi anaphorique, mais que les emplois vraiment anaphoriques, c'est-à-dire détachés de toute référence à la situation vécue, sont extrêmement tardifs. Elle met en évidence qu'avant 8 ans la valeur de l'article défini est toujours plus ou moins déictique : « It has been argued several times in the preceding chapters that what may appear to the observer as an anaphoric reference may in fact be a form of deictic reference, either to the current extralinguistic context, or to a strong mental image of the current discourse context » (Karmiloff, 1979, p. 221).

Il n'est évidemment pas question d'aligner l'évolution de la valeur de *c'* sur celle de *le*. Il est néanmoins frappant de constater qu'à cette étape de la présentation, chaque fois qu'il y a renvoi interphrastique, chaque fois que *c'* semble avoir une valeur anaphorique, *c'* semble conserver également une valeur déictique, puisque la phrase à laquelle il y a renvoi fait toujours mention d'un objet présent dans le contexte :

Valérie 3;1 goûte à la truite de sa sœur dans son assiette :
S : - elle va aimer la vache !
V : - c'est pas d'la vache, c'est du poisson !

Delphine 3;4 a cueilli des fleurs :
X : - est-ce que tu sais comment elles s'appellent ces fleurs... ça s'appelle des primevères.
D : - non, c'est des primes jaunes.

A ce stade donc, *c'* semble cumuler valeur déictique et valeur anaphorique, puisqu'il renvoie toujours à des éléments du vécu par l'intermédiaire d'un ou plusieurs signes.

B. Les caractéristiques morphosyntaxiques

C'est devient progressivement décomposable, ce qui se traduit par le fait que *est* peut être fléchi. Ceci est évidemment rare, comme c'est le cas même chez l'adulte, mais on peut néanmoins l'observer. Ainsi chez Claire et Alain, sujets cités par Sourdot (1977, pp. 115-116), on voit apparaître peu avant 3 ans des formes de pluriel :

Claire 2;11 : - ce sont des ours et des lampes.
Alain 3;3 : - là ce sont des fenêtres.

qui alternent librement avec la forme de singulier :

Claire 2;11 : - c'est deux lapins et deux chevals.

Sans doute n'y a-t-il toujours pas de variation de temps, puisque la construction continue à s'enraciner dans le vécu de l'enfant, mais cette opposition de nombre permet pourtant de dire que c'est *c'* qui, devenant indépendant de *être*, est l'élément important de la présentation. Il faut cependant noter que cette autonomie apparaît moins nettement dans les questions. Devant des énoncés comme :

Virginie 2;8 : - est c'est la couleur la cuillère ?
Valérie 3;4 : - kè c'est ce livre ?

on peut se demander ce que représente la transcription qui en est proposée. Sans doute les formes interrogatives sont-elles apprises comme des stéréotypes difficiles à mettre en série et à analyser. Dans la forme affirmative, *c'est* peut, comme chez l'adulte, soit introduire un énoncé complet :

Edmond 3;7 s'étant éraflé le genou, il saigne : - c'est de la confiture.

soit reprendre ou annoncer un élément de la phrase :

Jean-Paul 2;6 : - Papa est un monsieur, Maman c'est une dame, et Jean-Paul, c'est Jean-Paul Malrieu.

Les emplois sont donc les mêmes que chez l'adulte (Wagner, 1966).

Les cadres syntaxiques présentant un verbe *être* se laissent grouper ordinairement en trois classes, selon la nature de l'attribut qui suit le verbe :

a) Adjectif ou nom sans déterminant :
    Jacques est grand, est poète
b) Nom précédé d'un déterminant défini :
    Jacques est mon frère
c) Nom précédé d'un déterminant indéfini :
    Jacques est un charlatan

Le premier se prête à la qualification, le second à l'identification, lorsqu'on découvre ou qu'on fait découvrir à un interlocuteur l'identité de quelque chose ou de quelqu'un, en particulier lorsqu'on répond à une question. Le troisième enfin est le cadre même de la définition, vraie ou fausse, complète ou descriptive; il implique donc une catégorisation. Ces trois constructions, nous les rencontrons dans les énoncés de l'enfant de ce stade :

a) Charles 3;0 : - est-ce doux l'eau ?
b) Eva 2;3 : - non c'est les pantoufles de moi.
c) Chloé 2;11 : - un loup, c'est un méchant qui mange.

Les deux premières, au demeurant peu représentées dans le corpus, ne posent pas de problèmes particuliers. La troisième, cadre des premières définitions de l'enfant, conduit à s'interroger sur la ou les fonctions de l'article indéfini. Dans les premiers exemples de ce stade, il continue sans doute à nommer. Il est intéressant de signaler qu'il s'agit alors d'énoncés négatifs par lesquels l'enfant refuse une appellation antérieure :

Jean-Paul 2;1 : X - Jean-Paul est un petit animal
    J.P. - non, c'est un petit garçon.

ou joue à rebaptiser un objet :

Eva 2;5 : E - qu'est c'est c'est ?
    X - c'est des lentilles.

E - non c'est pas des lentilles.
X - alors qu'est-ce que c'est?
E - c'est des cacas.

Mais, rapidement, l'article indéfini semble acquérir, dans le cadre de cette construction attributive que Karmiloff n'a pas envisagée, une fonction plus précise et plus proche de celle qu'il a chez l'adulte, en l'occurrence la fonction de marquer des relations d'appartenance :

Jean-Paul 2;8 : X - tu vois cette dame qui garde les chèvres?
J.P. - c'est pas une dame, c'est une bergère
un moment après :
J.P. - cette dame, c'est une bergère.

L'enfant commence par refuser une dénomination qui ne lui paraît pas adéquate, *un* sert simplement à nommer; par contre, lorsqu'il reprend et affirme ensuite *cette dame, c'est une bergère*, *un* semble permettre d'indiquer une relation d'appartenance, que Piaget appelle relation de propriété pour ne pas créer de confusion avec le vocabulaire logistique (Piaget, 1947, p. 180).

3.3. La fonction des constructions présentatives élémentaires

Dans le langage du jeune enfant, quelles sont les fonctions des premières constructions présentatives en *ça* et en *c'est*? Les constructions en *ça* permettent à l'enfant d'apprendre le nom des choses; elles lui permettent également de vérifier, transmettre, mettre en évidence ses propres connaissances des choses et de leur nom, ceci dans des situations de parole déjà complexes, situations dont voici un exemple :

Claire 2;3 apprend à parler danois et français. Elle montre un camion à sa mère et le nomme en danois. Elle se tourne ensuite vers une amie de sa mère qui ne parle que français et lui dit : - ça c'est un bus.

Ces constructions primitives ont donc pour fonction l'acquisition, la vérification, la transmission du nom des choses. Elles ont une fonction de connaissance et peut-être d'affirmation de soi. Les constructions en *c'est* remplissent pour l'essentiel les mêmes rôles. Dans la mesure où elles permettent à l'enfant ses premières descriptions, elles acquièrent une fonction d'explicitation des connaissances. Dans la mesure où elles lui permettent d'imposer ses propres connaissances des choses et de leur nom en contestant les paroles d'autrui, elles permettent plus nettement l'affirmation de soi et l'opposition à autrui :

Guillaume 2;3 : Guillaume appelle sa maman *Maman Mounette*; sa grand-mère câline son petit frère Sylvain et l'appelle *Mounette... chéri....* Guillaume se fâche : - non, c'est Maman, Mounette.

4. DEUXIEME ETAPE : LA PRESENTATION DU SIGNE ET L'EBAUCHE DU FONCTIONNEMENT AUTONYME

4.1. Caractéristiques

A partir de 3-3 ans 1/2 environ, l'enfant manifeste la capacité d'une double extraction : extraction des signes des vécus auxquels ils renvoient et extraction des signes de la chaîne parlée où ils apparaissent (cette extraction étant l'objet de notre chapitre sur la citation, c'est essentiellement de la première qu'il sera question). Plusieurs situations favorisent l'extraction de signes : l'incompréhension de l'enfant des propos d'autrui ou l'incompréhension d'autrui des propos de l'enfant, le contact avec des particularités propres à la langue ou le contact avec une langue étrangère, les jeux phoniques ou les jeux symboliques. Les signes ou parties de signes que l'enfant extrait le sont généralement d'énoncés antérieurs d'autrui ou de l'enfant lui-même. Il s'agit :

1. De signes que l'enfant ne comprend pas ou comprend mal ; il interroge alors son entourage sur eux :

    S. 2;10, entend l'expression *en argot* et demande : - qui c'est [nago] ?

    S. 3;3 : - c'est quoi autoritaire, c'est une bête ?

    Valérie 3;9 : - qu'est-ce que c'est Jan Francisco ?

2. De signes particuliers (mots étrangers, noms propres, mots inventés, gros mots, etc.) que l'enfant connaît ou croit connaître, et qu'il présente à son entourage. Bien qu'il fasse référence aux propriétés référentielles de ces signes, l'enfant n'isole jamais explicitement leur signification :

    Jérémy 3;11 qui évoque son voyage à Tahiti : - yolanana c'est bonjour.

    Aliki 4;0 lors d'un jeu : - ouine c'est... c'est quand on se marie.

Dès ce niveau, les signes ne sont plus indissociables des choses qu'ils désignent, mais ils continuent d'entretenir avec les vécus auxquels ils renvoient une relation privilégiée. Pour l'enfant de 3-3 ans 1/2, qui s'intéresse aux signes en tant que tels, tout signe participe du vécu auquel il renvoie et peut se justifier grâce à la relation qu'il entretient avec lui. Cette relation, conçue comme réelle et naturelle, est reflet, adéquation, participation.

Quels sont, d'un point de vue linguistique, les signes que l'enfant extrait et quels sont les moyens qu'il utilise pour interroger sur ces signes, les présenter et les comparer ?

4.2 Le fonctionnement autonyme

Dans ces nouveaux énoncés, le sujet de *c'est* est très proche d'une citation. Du stade précédent, l'enfant conserve la possibilité de reprendre un élément du contexte antérieur, mais cette fois la première mention de cet élément n'est pas nécessairement reliée au vécu actuel de l'enfant. Dès cet âge, rappelons qu'il est capable de produire des citations. Bien que dans les énoncés présentatifs de ce niveau il ne s'agisse évidemment pas de ce que nous appelons ainsi (absence d'un verbe introducteur et d'une pause devant les termes cités), il y a, comme dans les véritables citations, extraction d'un terme d'un énoncé précédent et reprise de ce terme. Se manifeste ainsi l'ébauche d'un fonctionnement autonyme. On sait que l'autonymie (ou la mention) s'oppose à l'usage du signe (Rey Debove, 1978).

Le signe en usage renvoie globalement, en tant que signifiant et que signifié, à un référent (objet, notion, propriété...):
Les enfants jouent dans la cour.

Dans une langue comme le français, chaque signe ainsi utilisé appartient à une classe morphosyntaxique (partie du discours) bien particulière, selon laquelle il a une position et une fonction caractéristiques dans l'énoncé et subit un certain nombre de contraintes. Dans l'exemple proposé, *jouer* étant un verbe ne peut apparaître qu'après le groupe sujet et ne saurait être sujet lui-même. De même un adjectif, pour devenir sujet d'une proposition, devra au préalable être substantivé:

    L'ennuyeux avec lui, c'est qu'il parle trop.
vs.   * Ennuyeux avec lui, c'est qu'il parle trop.

Dans l'autonymie, au contraire, le signe n'est que mentionné et un seul de ses aspects, signifiant ou signifié, ou les deux successivement, peut être évoqué. Sur le plan morphosyntaxique, cela se traduit par le fait que tous les éléments ont statut de **substantif** et ce, quelle que soit leur classe d'origine. Du coup, toutes les parties du discours peuvent fonctionner comme **sujet**:

verbe fléchi: *chantes* est une deuxième personne du singulier.
adjectif: *extraordinaire* sonne mal.
préposition: *par* compte trois lettres.
syntagme: *de la maison* est un complément prépositionnel.
proposition: *que veux-tu?* est une question.

Quant aux termes qui sont en usage des substantifs, ils gardent évidemment leur statut, mais perdent leur déterminant (or c'est précisément la définition des déterminants que de permettre à un substantif en usage de fonctionner comme sujet):

cheval est un substantif masculin.

Ces substantifs en mention sont nécessairement, quelle que soit leur forme, masculins et singuliers. L'autonymie neutralise ainsi les oppositions de nombre et de genre:

fleur est court.

chevaux est un pluriel.

Enfin, les autonymes ne sont pas traduisibles. Chez l'enfant de trois ans, dans le cadre en *c'est,* quelques termes sujets offrent une ébauche de ce fonctionnement autonyme.

Quels sont donc les termes que l'enfant extrait? Adjectifs, verbes, interjections et syntagmes, mots étrangers sont employés comme sujets de *c'est:*

- adjectifs:

Jérémy 3;2: - c'est quoi brûlant?

S. 3;0: - délicieux, c'est manger.

- verbes:

S. 2;9: - qu'est-ce que c'est être timide?

- interjections:

Jérémy 3;11: - yolanana c'est bonjour.

- syntagmes:

Valérie 4;6: - qu'est-ce que c'est va-t-en guerre?

Ces emplois sont conformes à ceux de l'adulte. Les premiers emplois clairs de mention sont ainsi utilisés avec des parties de discours autres que les substantifs. Pour ceux-ci, il est impossible de savoir s'ils sont en mention ou en usage, bien qu'ils gardent par l'emploi des déterminants les caractéristiques de l'usage:

Valérie 3;7: - qu'est-ce que c'est une perceuse?

Valérie D. 6;0: - c'est quoi un étang?

Ceci peut s'expliquer. Le substantif étant ordinairement précédé d'un déterminant, lorsque l'enfant le reprend, il est sans doute tentant de le faire avec ce déterminant, d'autant que dans bien des cas les problèmes de décomposition en morphèmes ne sont pas résolus:

Charles 3;2: X - tu es un homme, un petit homme.

    C - qu'est-ce un homme, un t-homme? Maman, une t-homme?

Ce n'est que progressivement que les substantifs vont être mentionnés sans déterminants :

Valérie 3;6 : - comment c'est balai en anglais ?
Valérie 3;8 : X - Je vais chercher la bagnole.
   V - Bagneule ? qu'est-ce que c'est ? C'est d'l'anglais ?

Néanmoins, ce type d'énoncés ne supprime pas les précédents qui semblent exister à tout âge et probablement même chez l'adulte.

Il faut enfin signaler — ce qui confirme que l'enfant de ce niveau s'intéresse déjà au signe — que l'interrogation prend souvent une forme particulière qui n'apparaissait pas au niveau antérieur. Elle se présente en effet maintenant sous deux formes :

qu'est-ce que c'est X ?

c'est quoi X ?

et ce, avec toutes les parties du discours :

S. 3;8 : - c'est quoi, autoritaire ?
Delphine 3;9 : - c'est quoi, boire un coup ?
Jérémy 4;0 : - c'est quoi, le sommet ?

Cette forme est si fréquente que, lorsqu'on demande à Delphine la signification d'un mot incompréhensible utilisé par sa petite sœur : - *qu'est-ce que ça veut dire gniouk-gniouk ?* sa mère, spontanément, reformule la question en : *c'est quoi, gniouk-gniouk ?* Un fait parallèle a été observé par les Labov (1977) qui ont noté que chez leur fille les questions sur les mots n'entraînaient pas d'inversion, à la différence des questions sur les choses.

5. TROISIEME ETAPE : LA PRESENTATION DE LA SIGNIFICATION ET LA COMPARAISON DES FORMES

Au cours de l'étape précédente, si l'enfant pouvait faire référence au signe, c'était globalement, et il n'isolait explicitement ni son aspect formel, ni sa signification. Lorsque Jérémy 3;11 explique que *yolanana c'est bonjour,* il n'arrive pas à exprimer que seules les significations des deux mots sont identiques : *yolanana ça veut dire bonjour.* Il identifie d'une manière syncrétique les deux faces du signe : signifiant et signifié.

Dès 4 ans environ, l'enfant peut au contraire s'intéresser à certaines propriétés objectives des signes telles que l'homophonie ou l'organisation lexicale, et dissocier les deux composantes du signe, signifiant :

Valérie 3;9: - qu'est-ce que c'est une carrière? c'est un derrière, comme le derrière.
Guillaume 3;10: - cacaboudin, c'est comme du boudin blanc.
Valérie 4;3: - un sou - ah! je croyais vous êtes saoûl! qu'est-ce que c'est un saoûl?
S. 5;11: - Annie, c'est un nid (ou un i).

et signifié:

S. 3;4; - ce n'est pas un meuble, c'est un buffet.
Virginie 3;7: - les cheveux, c'est des poils?

Un signe peut dorénavant entretenir avec d'autres signes, mais jamais plus de un ou deux, des relations de dépendance, de covariation, de ressemblance ou de différence. Une référence explicite à la signification, une présentation du sens devient donc possible. Il s'agit alors d'une nouvelle stratégie de présentation, qui se définit par des critères spécifiques. Si, comme dans les conduites précédentes, existe toujours le critère principal, à savoir la présence de *ça,* la construction ne présente plus *c'est,* mais *vouloir dire.* Elle se définit donc par un trait lexical, la présence d'une locution verbale métalinguistique, et un trait syntaxique lié au précédent: la présence d'un complément d'objet.

Le sujet de *vouloir dire* est, comme à l'étape antérieure, en mention et non en usage. Il peut être:

● un verbe à l'infinitif:

Guillaume 3;8: - Mamie, je ne pleurnicherai pas. Pleurnicher, ça veut dire pleurer.

● ou à une forme conjuguée:

Valérie 4;4: - alors je brouille tout: qu'est-ce que ça veut dire brouille?

● un adverbe:

Gabriel 5;6: - j'ai fini avant toi; avant ça veut dire j'ai fini d'abord et toi après.
Yannick 5;10: - super ça veut dire que c'est bien.

● un adjectif:

Sébastien 6;0: - maigre, ça veut dire petit.

● une interjection, onomatopée:

Guillaume 3;9: - crac crac ça veut dire caca.

● un syntagme:

Gabriel 4;3: - plus de neige, ça veut dire qu'il n'y en a pas?

● une proposition:

Valérie D. 5;2: - ça veut dire quoi: Kom a vu Gégé?

● un substantif:

Gabriel 5;9: - la directrice nous a expliqué qu'est-ce que ça veut dire les prix et qu'est-ce que ça veut dire les prix.

La forme la moins fréquente est celle du substantif, qui ne se rencontre que deux ou trois fois dans le corpus. Les interrogations ou explications sur les substantifs avec *c'est* continuent à être les plus fréquentes. Le processus d'abstraction semble ici encore plus difficile que pour les autres parties du discours.

Chez l'adulte, le complément de *vouloir dire* est lui aussi un signe autonyme dont seul le signifié est pris en compte. Cette construction implique alors l'utilisation conjointe d'un sujet et d'un complément autonymes. Il est difficile de préciser ce qui se passe chez l'enfant: la grande majorité des exemples dont nous disposons sont en effet des questions, où *vouloir dire* n'est pas accompagné d'un complément. Hormis les exemples cités ci-dessus où l'emploi est conforme à celui de l'adulte, on ne peut s'appuyer que sur quelques énoncés:

Valérie 3;7: - dodue, ça veut dire bien gras, bien mangeuse.

où la confusion des genres grammaticaux montre que la construction est encore mal maîtrisée;

Valérie 4;1: X - Calais, on va dans la cale.
V - non, ça veut dire qu'on va caler.

où la construction avec complétive ne sélectionne pas un complément en mention, *vouloir dire* ayant ici un sens plus proche d'*impliquer* que de *signifier*.

La construction elle-même ne semble encore que partiellement maîtrisée puisque, dans beaucoup de cas, l'enfant n'introduit qu'un signe autonyme, toujours sujet. La signification de *vouloir dire* ne semble pas non plus entièrement acquise. L'exemple de Louis 3;10:

- qu'est-ce que ça veut dire ombre en allemand?

montre qu'il confond *vouloir dire* et *se dire*. En français, en effet *vouloir dire* (ou *signifier*, que nous n'avons jamais observé dans notre corpus) et *se dire* ne s'emploient pas indifféremment selon que leur sujet et leur complément appartiennent à cette langue, ou que se pose un problème de traduction. On peut à ce propos distinguer les cas suivants:

Langue maternelle		Langue maternelle
maintenant	ça veut dire	présentement
Langue maternelle		Langue étrangère
maintenant	se dit	now
Langue étrangère		Langue maternelle
now	ça veut dire	maintenant

Vouloir dire et *se dire* chez l'adulte sélectionnent le premier le signifié et le second le signifiant du complément ou de l'attribut autonyme. Chez l'enfant, de nouveau, il est difficile de savoir ce qu'il en est :

Jérémy 4;4 : - bonjour, ça veut dire maloulou (en tahitien).

Ainsi, l'enfant de ce troisième et dernier niveau est déjà capable d'une extraction et d'une certaine manipulation des significations puisqu'il peut rapprocher des informations sémantiques qu'il juge semblables en dépit de leur réalisation phonétique et morphologique différente. Ce fait va dans le même sens que le maniement de la signification dans le discours indirect où l'enfant sait conserver un invariant sémantique dans un système de transformations morphosyntaxiques. Cette manipulation de la signification reste toutefois très limitée, l'enfant procède ponctuellement, de proche en proche, et jamais sur plus de deux ou trois signes.

6. CONCLUSION

La genèse des constructions présentatives chez l'enfant permet de renouveler la discussion sur quelques points de l'analyse linguistique. Les questions posées par les enfants pour interroger sur un signe ont fait apparaître une disparité entre les substantifs et les autres parties du discours. Dans ces questions, il n'est jamais possible de décider si les substantifs fonctionnent en usage ou en mention puisqu'ils sont toujours accompagnés d'un déterminant (*qu'est-ce que c'est un transformateur?*, *c'est quoi un étang?*). Mais n'en va-t-il pas de même dans le discours spontané de l'adulte? Dans l'attente d'études détaillées, la question reste ouverte. Par ailleurs, le fait que les parties du discours n'aient pas le même fonctionnement quant à l'autonymie doit amener à s'interroger sur les causes de cette différence. Celles-ci sont-elles strictement linguistiques ou plutôt d'ordre psychologique, liées à une tendance peut-être générale à naturaliser les signes qui renvoient à des référents prégnants perceptivement?

La genèse de ces constructions constitue de plus un cadre privilégié pour s'interroger sur l'interaction entre les particularités du système linguistique, la prise de conscience de ces particularités et les progrès dans l'acquisition du système. L'autonymie apparaît dans des situations bien particulières : incompréhension, contact avec une langue étrangère, présence de signes synonymes... Il est donc clair que les caractéristiques de la langue influencent la prise de conscience linguistique. Il est clair également que la prise de conscience accélère et enrichit l'acquisition du langage et permet à l'enfant de mieux intégrer ses connaissances antérieures. Il nous semble en effet que c'est grâce à celle-ci que l'enfant progresse dans l'acquisition des déterminants qui nécessite une abstraction croissante, depuis les emplois déictiques enracinés dans la situation jusqu'aux emplois anaphoriques, qui exigent une mise en relation entre signes, et génériques, qui supposent un renvoi à une référence lexicale purement virtuelle.

Chapitre III
Les constructions appellatives

1. POSITION DU PROBLEME

Les constructions appellatives sont proches de la présentation telle que nous l'avons définie dans le chapitre précédent puisqu'elles impliquent souvent un élément démonstratif et qu'elles servent avant tout à proposer le nom des choses. Nous avons néanmoins traité à part ce cas particulier car, outre le fait que la fréquence de *ça* diminue au fur et à mesure que l'enfant avance en âge, il pose des problèmes spécifiques. Dans les constructions présentatives, nous avons vu apparaître l'ébauche d'un fonctionnement autonyme, clairement attesté pour les parties du discours autres que le substantif. Les constructions appellatives, elles, ne mettent en jeu que des substantifs. Elles nous permettront de poursuivre la discussion sur l'autonymie de cette partie du discours. De plus, impliquant essentiellement des noms propres, elles nous conduiront à comparer leur fonctionnement avec celui des autonymes : quelles sont les ressemblances et les différences chez l'enfant, mais aussi chez l'adulte, entre l'autonymie des substantifs, et les noms propres ? Si l'on adopte la définition du nom propre proposée par Granger qui y voit un terme qui renvoie à un individu (c'est-à-dire une personne, un animal familier, une poupée, une peluche considérés dans leur singularité) et qui permet de l'interpeller, il est possible de distinguer d'un point de vue psychologique le fonctionnement de trois types de signes : les substantifs nom communs, les noms propres, et les autres parties du discours. Ayant insisté dans le chapitre précédent sur ces dernières, nous nous attacherons ici essentiellement aux noms propres et dans une moindre mesure aux noms communs.

2. DEFINITION DES CONSTRUCTIONS APPELLATIVES

Du point de vue linguistique, les constructions appellatives se définissent par un trait lexical, la présence du verbe *appeler* (ou *s'appeler*), qui entraîne un trait syntaxique, la construction offrant un attribut du sujet (*X s'appelle Y*) ou de l'objet (*on appelle X Y*), selon que *appeler* est employé à la forme pronominale ou transitivement.

D'un point de vue psychologique, elles se définissent par trois groupes de renvois :
1. renvoi à un vécu et à son nom lorsque l'enfant interroge sur ce vécu ou le nomme (*ça s'appelle? comment ça s'appelle? ça, ça s'appelle...*);
2. renvoi à un individu, c'est-à-dire à un vécu considéré dans sa singularité et à son nom, alors nom propre, lorsque l'enfant interroge sur le nom d'une personne, la présente ou se présente lui-même par son nom (*comment tu t'appelles? toi, tu t'appelles X, il s'appelle X, je m'appelle X...*);
3. renvoi d'un signe à un ou plusieurs autres signes lorsque l'enfant constate une équivalence entre deux signes, interroge sur un signe qui lui échappe (*comment s'appelle X en anglais? X s'appelle aussi Y...*).

3. LES DIFFERENTES CONSTRUCTIONS DE *S'APPELER*

Chez l'adulte, le verbe *appeler* peut entrer dans quatre types de constructions :

a) *X appelle Y : Appeler* est ici construit transitivement avec un complément d'objet sans attribut. Il a alors le sens d'*interpeller*, de *héler*. Cette construction est connue tôt de l'enfant :
S. 2;4 : - fais dodo, appelle Papa.
Suzanne 3;3 à sa mère : - j'ai appelé toi longtemps.

b) *X appelle : citation :*
Céline 2;6 : - j'ai appelé : Maman ! et après je pleure.

Nous ne mentionnons ces deux premières que pour mémoire. Elles ne nous retiendront pas davantage, puisqu'elles impliquent une simple description de l'acte de parole ou une citation, déjà analysées.

c) *X appelle Y Z : Appeler*, également construit transitivement avec un complément d'objet, admet cette fois un attribut. *Appeler* a alors le sens de *nommer*. Les enfants connaissent cette construction :

Gabriel 3;9: - comment qu'on appelle déjà? des [vól], des ailes, pour voler.
A. 4;6: - oui, pasque c'est le mien, j'l'avais appelé Youki.

Cette construction, chez l'adulte, peut se rencontrer également au passif:

Jeanne est appelé Jeanneton par sa famille

mais nous n'en avons noté aucun exemple dans le corpus. Si l'on se réfère aux données rapportées par plusieurs auteurs (Sinclair et al., 1970, 1976; Oléron, 1979) on ne saurait s'en étonner. Dès 3 ans l'enfant peut comprendre certaines phrases passives et produire spontanément des passives incomplètes (*la tasse est cassée*) qu'il est difficile de distinguer de simples constructions attributives. Dans les tâches de production, les phrases passives sont néanmoins très rares; dans les tâches de compréhension, les phrases passives dites «réversibles», où le verbe est sur le plan sémantique, susceptible d'admettre comme sujet l'un ou l'autre substantif impliqués dans la construction (*le garçon est poussé par la fille / la fille est poussée par le garçon*), sont fréquemment assimilées à des phrases actives, le premier terme de la phrase étant perçu comme sujet et agent (le garçon pousse la fille). Dans la mesure où *s'appeler* permet de construire aussi bien des phrases dites «réversibles» (*Jeanne est appelée Chouchou par Michel / Michel est appelé Chouchou par Jeanne*), que des phrases qui ne le sont pas (*ce petit coussin est appelé Cassuce par cet enfant*), selon que le sujet du verbe passif est animé ou non, il fait probablement partie des verbes dont les constructions passives sont difficiles à maîtriser.

d) *X s'appelle Y: Appeler* est employé ici à la forme pronominale. Le sens qu'il présente est, avec des nuances que nous verrons plus loin, le même que dans la construction précédente: *X s'appelle Y* signifie en effet *X se nomme Y, X a pour nom Y*. C'est cette construction qui est la plus représentée dans notre corpus:

Eva 2;5 regarde un livre d'images et demande: - comment s'appelle?

Sylvain 2;6 à propos d'une grenouille sur un livre de contes: - i s'appelle Monsieur Mouche.

Virginie 3;6 à son père: - toi, tu t'appelles pas Papa... Maman s'appelle Papa, elle a un robinet.

4. DESCRIPTION LINGUISTIQUE DE LA CONSTRUCTION PRONOMINALE

La construction transitive ne faisant pas apparaître d'emploi particulier des déterminants de l'attribut de l'objet par rapport à ceux de l'attribut du sujet dans la construction pronominale, nous nous limiterons à celle-ci, qui est beaucoup plus fréquente.

Si l'on considère les emplois pronominaux chez l'adulte, on peut, suivant la nature de l'attribut et du sujet, distinguer les catégories suivantes :

a) L'attribut est un nom propre : en pareil cas, le sujet est nécessairement animé :

Je m'appelle Julien.
Cet enfant s'appelle Jacques.

Dans quelques cas, le sujet peut également être un inanimé, si l'objet auquel il renvoie a un statut privilégié, objet unique, appartenant à la sphère des possessions quasi inaliénables... On pourra ainsi rencontrer :

Ma voiture s'appelle Ferblantine.
Mon stylo s'appelle Lilo.

mais la conséquence de la présence de noms propres en attribut est précisément que le sujet, par un processus de métaphorisation, n'est plus senti comme un inanimé. C'est surtout dans cet emploi qu'*appeler* implique véritablement une nomination, souvent précédée d'un acte de baptême. Les paraphrases possibles en sont :

Julien est mon nom.   J'ai pour nom Julien.
Jacques est le nom de cet enfant.   Cet enfant a pour nom Jacques.
Ferblantine est le nom de ma voiture.   Ma voiture a pour nom Ferblantine.
Lilo est le nom de mon stylo.   Mon stylo a pour nom Lilo.

et il ne paraît pas y en avoir d'autres.

b) L'attribut est un nom commun : en pareil cas, les emplois avec sujet animé et inanimé se trouvent regroupés :

Ce meuble s'appelle une chauffeuse.
Ce musicien s'appelle un contrebassiste.

Les emplois se répartissent en deux groupes, selon que l'attribut comporte ou nom un déterminant :

Attribut avec déterminant :

Les faits sont extrêmement complexes, et il importe d'envisager à la fois le déterminant de l'attribut et sa compatibilité avec le déterminant du sujet.

En premier lieu, le déterminant de l'attribut peut être indéfini, comme dans les exemples ci-dessus. Pour que la construction soit possible, deux conditions doivent alors être remplies. La première est lexicale : le terme sujet de *s'appeler* doit être un hyperonyme du terme attribut, sa compréhension est donc plus large. Sont ainsi exclus les cas où le sujet est l'une des personnes du dialogue, ou un nom propre, que l'on ne peut pas définir en compréhension :

*Je m'appelle un contrebassiste.
*Tu t'appelles un violoniste.
*Jacques s'appelle un clarinettiste.

En pareil cas, c'est nécessairement la construction présentative classificatoire qui apparaît :

Je suis un contrebassiste.
Tu es un violoniste.
Jacques est un clarinettiste.

Le sujet peut par contre être un terme très général, ou même *ça*, qui est synonyme de *cette chose* :

Ce bonhomme s'appelle un contrebassiste.
Ça s'appelle une chauffeuse.

La deuxième condition est syntaxique : le nom sujet doit être spécifié, soit par un déterminant (possessif ou démonstratif), soit par un adjectif, un complément de nom ou une relative :

Ce musicien s'appelle un contrebassiste.
Le meuble de droite s'appelle une chauffeuse.

Seront au contraire exclus par exemple :

Un musicien s'appelle un contrebassiste.
Le meuble s'appelle une chauffeuse.

sauf si *le* renvoie à un objet ou un individu spécifié antérieurement. Il semble que *s'appeler* n'introduise alors pas tant une nomination qu'une classification. On est très proche d'une catégorisation et la seule paraphrase possible est en *être* :

Ce musicien est un contrebassiste.
Ce meuble est une chauffeuse.

Ces constructions en *s'appeler* apparaissent donc comme l'inverse d'une définition. On peut en effet aussi bien dire :

Un contrebassiste est un musicien qui joue de la contrebasse.

qu'à l'inverse :

Un musicien qui joue de la contrebasse s'appelle un contrebassiste.

Le déterminant de l'attribut peut au contraire être défini. Le premier point à signaler est qu'il ne peut alors s'agir que du déterminant générique et qu'on ne saurait rencontrer ni un démonstratif :

*Ce musicien s'appelle ce contrebassiste.

ni un possessif :

*Ce meuble s'appelle mon fauteuil¹.

mais obligatoirement l'article défini :

Le musicien qui joue de la contrebasse s'appelle le contrebassiste.

La condition qui est requise ici est que le groupe sujet et le groupe attribut soient en relation d'équivalence, et que l'un soit la paraphrase de l'autre. On ne dira pas en effet, ou très difficilement :

? Je m'appelle le contrebassiste.
? Ce musicien s'appelle le contrebassiste.

S'appeler introduit souvent dans cet emploi un terme technique ou scientifique :

La femelle du lièvre s'appelle la hase.
Le fond d'une cartouche ou d'un obus s'appelle le culot.

ce qui introduit une légère différence (on fait allusion au nom technique de l'objet ou de la personne) par rapport au cadre très proche néanmoins de la classification :

La femelle du lièvre est la hase.
Le fond d'une cartouche ou d'un obus est le culot.

Ce cadre en *être* est de surcroît différent des emplois de *s'appeler* en ce qu'il n'est pas orienté puisqu'une de ses propriétés (Tamine, 1979) est précisément que sujet et attribut peuvent échanger leur place :

La hase est la femelle du lièvre.
Le culot est le fond d'une cartouche ou d'un obus.

Ceci n'est pas possible avec *s'appeler :*

*La hase s'appelle la femelle du lièvre.

ce qui semble impliquer que sujet et attribut n'ont pas le même degré de notoriété.

Ainsi, dans tous les emplois indifférents au type de sujet où l'attribut est précédé d'un déterminant, on est très proche d'emplois avec le verbe *être*, qu'il s'agisse d'une classification lorsque le déterminant est indéfini, ou d'une reformulation lorsqu'il est défini. Ces emplois font écho aux présentations telles que *c'est quoi, un contrebassiste? un contrebassiste, c'est un..., le contrebassiste, c'est le...* vues précédemment.

Attribut sans déterminant :

Ce n'est que dans ces emplois-là que *s'appeler* a sa pleine valeur métalinguistique et qu'il est accompagné d'un substantif autonyme :
La femelle du lièvre s'appelle *hase*.
Ce musicien s'appelle *contrebassiste*.
Le fond d'une cartouche ou d'un obus s'appelle *culot*.

La seule contrainte qui semble peser sur la construction est que le sujet soit spécifié, soit par son déterminant, soit par ses expansions. Aucune paraphrase en *être* n'est ici possible. C'est que *s'appeler* n'indique plus comme précédemment à travers l'emploi en usage des signes une relation entre objets du monde, mais la relation entre un signe autonyme, l'attribut, et le référent auquel renvoie le groupe nominal sujet. Il s'agit donc d'une construction très complexe où le groupe nominal sujet est pris en usage tandis que le groupe nominal attribut est autonyme. La seule paraphrase qui soit ici possible est avec *désigner*. Dans ce cas d'emploi de *s'appeler* avec attribut autonyme, les phrases *X s'appelle Y* et *Y désigne X* semblent équivalentes. Cette paraphrase n'est jamais possible pour les noms propres :
*Jacques désigne cet enfant.

et difficile ou impossible lorsque l'attribut de *s'appeler* est précédé d'un déterminant :
? La hase désigne la femelle du lièvre.
*Un contrebassiste désigne ce musicien.

Il semble donc prudent de ne pas rapporter tous les emplois de *s'appeler* à une catégorie unique. Il est probable qu'il faille poser trois groupes :
 - Attribut nom propre : **s'appeler = se nommer**
 - Attribut substantif en usage : **s'appeler = être**
 - Attribut substantif autonyme : **s'appeler est l'inverse de désigner**.

5. CARACTERISTIQUES ET EVOLUTION DES CONSTRUCTIONS APPELLATIVES CHEZ L'ENFANT

La répartition des constructions transitive et pronominale chez l'enfant exige plusieurs remarques. En premier lieu, on observe que la construction pronominale, *X s'appelle Y*, est antérieure à la construction transitive, *X appelle Y Z*. Elle apparaît dès 2-2 ans 1/2.
Eva 2;0 : - moi s'appelle Eva.

Le pronominal n'est évidemment pas d'emblée analysé, mais conçu comme une forme unique puisque c'est seulement vers 2 1/2-3 ans que le pronom peut varier en accord avec le sujet :

Eva 2;7: - je m'appelle pas Eva, je m'appelle Maman.
Eva 2;9 à sa sœur: - toi tu t'appelles un garçon.

Néanmoins au même âge, Céline 2;9 dit encore:

- moi je t'appelle Céline

ce qui montre que si l'analyse du pronominal est faite, le paradigme des pronoms n'est pas maîtrisé.

La construction transitive, elle, n'apparaît que vers 4 ans. Le premier exemple que présente le corpus est le suivant:

Jérémy 3;11: - la maison, moi je l'appelle Fromage.

En second lieu, l'emploi transitif reste à tous les âges beaucoup plus rare que l'emploi pronominal. Enfin, les différents types de sujets, (ou d'objets dans la construction transitive), animés ou inanimés, sont tous représentés:

• sujet animé humain:

Eva 2;7: - je m'appelle René.

• sujet animé non humain:

Virginie 3;4: - tu voudrais un petit cheval comme ça, lui s'appelle Lulu.

• sujet inanimé:

Eva 2;4 regarde un livre d'images: - comment ça s'appelle ça?
Virginie 3;0: - ça s'appelle des crêpes.

Cela signifie-t-il que l'enfant ne distingue pas, d'un point de vue psychologique, entre être animé et objet inanimé? Evidemment non. Greenfield (1976) suppose que l'enfant opère cette distinction avant même l'apparition des premiers mots, bien qu'il ne la fasse probablement pas comme nous. Elle considère par exemple que les parties du corps et les images de personne sont conçues comme des êtres animés. Dans nos analyses, nous avons adopté ce point de vue et nous avons également considéré comme animés les poupées et les peluches.

A tout âge, les emplois avec sujet animé sont majoritaires. Ces sujets peuvent être des pronoms renvoyant aux personnes du dialogue, surtout *je* dans le corpus, mais aussi *tu*:

Céline 2;9: - toi, tu t'appelles Poulette.

ou des groupes nominaux ou des pronoms anaphoriques. Ils renvoient à des animaux:

Virginie 2;10: - le petit cochon s'appelle Bébé.
Brigitte 4;1: - oui et pi aussi y a un grand lanimal eh bien j'sais pas comment qu'i s'appelle.

et surtout à des êtres humains :

Brigitte 3;1 : - pi Papa s'appelle Papa Zérard.

Selon nos données, il semble bien y avoir une sorte de répartition entre la construction en *c'est*, surtout utilisée pour les inanimés, et la construction en *s'appeler*, surtout employée pour les animés. On peut interpréter cette répartition comme l'indice que l'enfant essaie de marquer dans le langage qu'il utilise la distinction qu'il opère entre sujet animé et objet inanimé. Il attribue par conséquent à *s'appeler* un sens progressivement plus précis.

Après ces remarques concernant l'ensemble de la construction appellative, essayons de dégager son évolution avec l'âge.

5.1. La présentation des choses et du nom des choses

En tout point parallèle aux présentations initiales (*qu'est c'est ça? ça c'est*), telles sont les premières constructions appellatives. Les sujets inanimés sont relativement fréquents, fortement déictiques et toujours articulés sur une situation actuelle qui suscite la question ou l'affirmation de l'enfant : *ça* est toujours présent et un adverbe de lieu souligne parfois cet ancrage :

Sylvain 2;2 : - comment ça s'appelle là ? (à propos d'un outil).

On est donc très proche d'une présentation, *s'appeler* n'étant sans doute qu'un synonyme de *être*. Un exemple comme :

Eva 2;5 regarde une image : - comment ça s'appelle ça ici ? c'est des jambes.

est particulièrement intéressant en ce sens, puisque la réponse que l'enfant propose elle-même à sa question ne reprend pas *s'appeler* mais utilise la construction présentative en *c'est*. Seules les constructions pronominales, d'ailleurs imparfaitement maîtrisées sur le plan linguistique, sont représentées. En fait, force nous est de constater que ce premier niveau n'apporte rien de nouveau par rapport aux premières constructions présentatives : le nom et les choses sont dans les deux cas indistincts, les noms n'étant qu'une propriété des choses. La construction en *s'appeler* n'est qu'une autre manière d'interroger sur les choses et leur nom :

Eva 2;5, à propos d'un crayon rouge : - comment est la couleur ça ? ça comment ça s'appelle ?

5.2. La présentation des personnes et de leur nom

Dès 3 ans, la construction appellative se libère de la présence d'un élément démonstratif. A sa place apparaissent des pronoms personnels et des substantifs, les uns et les autres renvoyant presque exclusivement à des sujets animés. La construction en *s'appeler* semble liée de façon fondamentale au nom propre. Rappelons qu'à la suite de Granger (1982) nous considérons que la seule détermination décisive du nom propre est de nature pragmatique : « Le nom propre ne saurait être complètement déterminé ni par des traits syntaxiques, ni par des traits sémantiques, mais par un trait pragmatique... Pour le nom propre sa condition fondamentale de fonctionnement est de pouvoir être employé comme instrument d'une interpellation » (Granger, 1982, p. 36). De cette interpellation, on trouve souvent des marques dans l'énoncé, puisque les sujets les plus souvent utilisés sont les personnes du dialogue :

Ari 4;1 : - comment tu t'appelles? moi je m'appelle Ari.

Puisque dans cette perspective le nom propre n'est pas défini morphosyntaxiquement, on ne s'étonnera pas que nous ayons regroupé dans cette catégorie aussi bien les noms du calendrier que des termes d'adresse et des noms communs :

Valérie 3;6 : - et si on s'appelle Anne Caca ?

Jérémy 4;2 qui injurie son frère : - cette patate pourrie, elle s'appelle Guillaume.

Eva 2;9 : X - tu n'as pas froid, Eva?
E - non je c'est pas Eva. Je c'est une grande fille. Je m'appelle Grande Fille.

Valérie D. 5;2, à propos du dessin d'un animal assez curieux, avec une très longue langue : - i s'appelle Longue Queue, non, Longue Langue.

Valérie D. 5;2 : - toi, tu t'appelles Triangle, tu as des boucles d'oreille en triangle.

A cette période, chez quelques enfants, la construction appellative paraît remplir une fonction bien particulière dans le cadre des jeux symboliques : elle leur permet d'introduire leur jeu, de distribuer les rôles, d'annoncer la manière dont il va falloir s'interpeller :

Eva 2;10 : - tu t'appelles un loup.

Virginie 4;0 : - je m'appelle une sorcière.

Curieusement, dans ces exemples, le substantif attribut est précédé d'un déterminant. On peut faire l'hypothèse qu'il y a renvoi non pas à un individu, mais à un rôle, rôle du loup, de la sorcière... et si ce n'est pas l'article défini qui apparaît pour indiquer ce rôle, c'est tout simplement, comme nous l'avons indiqué au chapitre précédent, qu'à cet âge, d'une part il est toujours fortement démonstratif et que d'autre part, l'article indéfini sert à nommer.

5.3. La présentation d'un signe dans ses relations à d'autres signes

A partir d'environ 4 ans, on observe deux faits nouveaux dans les constructions appellatives : la maîtrise des constructions transitives et une nouvelle utilisation des constructions pronominales employées pour mettre les signes en relation.

Les constructions transitives sont rares dans le corpus et en dehors des deux exemples suivants :

Jérémy 3;11 : - la maison, moi je l'appelle Fromage.

Louis R. 3;8 : son père rapporte à la maison un gros bouquet de fleurs :
    L. - comment s'appellent?
    P. - demande à Maman (la mère dit le nom en allemand)
    L. - comment tu les appelles toi?

elles impliquent toujours une modalité et/ou une explication :

S. 5;4 : - puisque Papa n'est pas là, je peux t'appeler Papa, tant pis tu seras un papa à grosses doudounes.

Sandrine 6;0 : - j'aime pas Madame Bonnet, je t'appelle seulement Claire.

Nous renvoyons sur ce point aux deux chapitres suivants et nous contentons de signaler ici que, comme le montrent les exemples précédents, celui qui nomme est souvent mentionné explicitement par une forme d'insistance (*moi, je; toi, tu*). En dehors de cela, la construction transitive ne fait pas apparaître de fait nouveau par rapport aux constructions pronominales.

Les constructions pronominales montrent qu'avec ce niveau, l'enfant se pose explicitement en maître de noms :

Jérémy 5;0 qui ne veut pas que son frère vienne manger de la pizza explique à sa tante :
- y'a des pizzas qui s'appellent la chignole.

Jérémy 4;5 qui fait des gâteaux de terre : - mes gâteaux s'appellent des petits zatapians.
X - où as-tu entendu ce nom?
J - c'est moi qui le dis, je n'ai pas entendu ce nom.

Surtout, elles manifestent une nouvelle fonction, la mise en relation de signes. Elles permettent en effet de présenter des équivalents :

- équivalents formels, c'est-à-dire homonymes :

Valérie 4;1 : on mange des épinards.
V - pourquoi i s'appelle Epinard le prof de musique de Pian? (ce Monsieur s'appelle Lespinard).

- équivalents sémantiques, c'est-à-dire synonymes :

Jérémy 5;0 : - le caca, ça s'appelle de la bouillabouilla.
S. 5;2 : - le médicament que j'avais pris qui s'appelait un remède.

- équivalents en langue étrangère :

Jérémy 4;2, à propos d'un fruit exotique: - comment ça s'appelle en tahitien?

En dehors des emplois où l'attribut a un fonctionnement de nom propre, la construction pronominale offre un attribut précédé d'un déterminant (*de la bouillabouilla, un remède, la chignole, des petits zatapians*), à l'exception de l'exemple suivant:

Jérémy 4;6: - ce Monsieur, i s'appelle avocat.

Prononcé dans une situation telle que Jérémy avait nécessairement compris qu'*avocat* renvoyait à une profession, on peut se demander si le mot fonctionne encore comme dans les autres exemples, c'est-à-dire comme un nom propre, ou s'il n'est pas la première manifestation claire, dans le cadre de cette construction, du fonctionnement autonyme d'un substantif.

Signalons enfin que la construction en *s'appeler* ne peut jamais, dans le corpus, être paraphrasée par *désigner*, sauf peut-être dans l'exemple suivant, relativement tardif:

Marc 6;0: on lui demande ce qu'est un chat: - il y a aussi une sorte de chat qui s'appelle des chamois.

Elle semble être la construction la plus complexe.

6. CONCLUSION

Ce chapitre nous aura donc surtout permis de nous interroger sur les relations qui existent entre nom propre et substantif autonyme. On peut en effet se demander si le nom propre n'est pas la première manifestation de l'autonymie pour les substantifs chez les enfants, facilitée par la présence de *s'appeler,* moyen d'attirer l'attention sur le nom au détriment de la chose. Les relations entre l'autonyme et le nom propre ont retenu l'attention des logiciens et des linguistes. Autonyme et nom propre partagent en effet un certain nombre de points communs, du moins en français, sur le plan morphosyntaxique:

• absence d'article: *Jean est gentil; Jean est un nom propre; Homme est un substantif.*

• absence d'accord en nombre: le nom propre comme l'autonyme est toujours au singulier, sauf dans le cas de nom de famille, où d'ailleurs l'utilisation de l'article (*les Duponts*) rend plausible une interprétation comme nom commun. Cependant, Rey-Debove (1978) fait remarquer que ce rapprochement est peut-être lié au français et qu'en anglais, où l'absence de déterminant est également possible avec les noms communs, (termes désignant une substance, emplois génériques), il s'impose beaucoup moins. Il y a pourtant d'autres raisons de rapprocher nom propre et autonyme. C'est que l'un comme l'autre représentent un *nom* (au sens de *name*) et ne peuvent recevoir de définition que par des catégories linguistiques :

Jean est un nom propre.

(*Jean est un garçon* n'étant pas une définition, mais une description)

	Cheval est un singulier.
vs	*Cheval est un animal.

mais c'est qu'alors précisément le nom propre est envisagé, non dans son renvoi à un individu singulier, mais en tant que signe. Néanmoins subsistent deux différences majeures entre nom propre et autonyme : le nom propre, sauf lorsqu'il est précisément en autonymie, renvoie toujours à un individu, alors que l'autonyme peut aussi désigner un type, et, dans cette mesure, bien qu'il soit privé d'article, est proche d'un nom commun. Par ailleurs, seul le nom propre permet l'interpellation. Peut-être faudrait-il admettre une échelle qui irait du nom commun au nom autonyme et où le nom propre occuperait une position intermédiaire. On comprend alors mieux pourquoi l'autonyme, outre les questions d'abstraction sur lesquelles nous avons déjà insisté, est plus facile à maîtriser pour les verbes et les adjectifs que pour les substantifs : c'est que pour les premiers n'existent que deux fonctionnements, usage et autonymie, là où les seconds en présentent trois. On peut dans ces conditions faire l'hypothèse que l'utilisation du nom propre dans les constructions appellatives, à un stade où l'enfant manifeste l'amorce d'un fonctionnement autonyme pour les verbes et les adjectifs, est l'ébauche du fonctionnement autonyme des substantifs et permet d'utiliser sans déterminant des substantifs appartenant pourtant en langue à la catégorie des noms communs.

NOTE

[1] Sauf si *mon fauteuil* est un groupe autonyme où l'article est cité. Cet emploi serait parallèle aux seuls cas où *s'appeler* introduit autre chose qu'un substantif :
Ce livre s'appelle *retourne*.

Chapitre IV
Les explications

1. POSITION DU PROBLEME

Tel que nous l'avons décrit dans les chapitres précédents, le jeune enfant s'est révélé susceptible de se référer à ses propres comportements linguistiques ou à ceux d'autrui, de rapporter des propos d'une manière directe ou indirecte, d'extraire des signes ou leur signification. Il a montré qu'il pouvait traiter le langage, ou tout au moins certaines de ses parties, comme un objet dont il pouvait parler, qu'il pouvait présenter, citer ou décrire. On peut alors se demander si, parallèlement, il manifeste le souci de comprendre et d'expliquer cet objet, son organisation et son fonctionnement : l'enfant essaie-t-il d'observer, d'organiser, de comprendre les relations qu'il entretient avec le langage, celles que le langage entretient avec les choses, celles enfin que les signes entretiennent les uns avec les autres ? Dans l'affirmative, quelles sont les premières formes de légalité ou de causalité dont il fait preuve, si l'on entend par *légalité* la simple observation ou constatation empirique des relations ou interactions régulières les plus évidentes entre le langage et les choses, le langage et ses utilisateurs, entre les signes eux-mêmes; par *causalité* la construction inférentielle de liaisons ou connexions plus cachées, moins apparentes, qui s'orientent vers la nature intrinsèque du langage.

D'un point de vue psychologique, il ne faut évidemment pas s'attendre à ce que l'enfant parvienne à des explications très élaborées puisqu'il ne dispose, pour observer et comprendre cet objet symbolique complexe qu'est le langage, que d'instruments rudimentaires, en l'occurrence ceux de la période pré-opératoire qui nous intéresse ici : une semi-logique sous forme de préconcepts et de prérelations puis de fonctions. Piaget ayant montré que l'évolution de la causalité est commandée, durant cette période, par un double processus de désubjectivisation et de « remplacement de l'apparence empirique par la découverte de modifications plus profondes, non perceptibles, mais déduites opératoirement » (Piaget, 1950, p. 279), on peut penser que l'enfant d'une part s'intéressera d'abord aux caractéristiques les plus superficielles du langage et ne s'engagera que progressivement dans la direction de ses caractéristiques intrinsèques, d'autre part établira des relations imprévues entre les signes et les choses et les concevra d'une manière erronée avant de pouvoir s'intéresser aux dépendances fonctionnelles objectives qui lient les signes les uns aux autres.

D'un point de vue linguistique, on peut s'attendre à une certaine pauvreté des formes verbales de l'explication chez l'enfant ; il est probable en effet que, comme dans les faits de morphosyntaxe que nous avons déjà évoqués, il ne dispose pas de la diversité des moyens syntaxiques de l'adulte (conjonctions de subordination, adverbes interrogatifs...).

La première partie de ce chapitre sera consacrée à l'analyse de toutes les explications ayant trait au langage, la seconde à l'analyse et à la classification des créations lexicales contemporaines de ces explications. On peut en effet supposer que l'enfant construit des signes qui reflètent les interprétations qu'il en donne. L'étude parallèle des explications et des créations lexicales nous permettra alors d'aborder, pour conclure, un problème plus général, celui des relations entre une activité linguistique, les créations, et des conceptualisations parallèles à cette activité, les explications.

2. LES FORMES DE L'EXPLICATION CHEZ L'ENFANT DANS LA PERSPECTIVE PIAGETIENNE

Comme nous l'avons vu aux chapitres deux et trois, les premières questions posées par les enfants sont les questions de nom (*c'est ça ? quoi c'est ça ? qu'est c'est ça ? comment ça s'appelle ?*) qui apparaissent avant deux ans. Les premiers *pourquoi*, c'est-à-dire les premières questions de cause, apparaissent plus tardivement, vers 3 ans, époque à laquelle apparaissent également les premières explications, les premiers *parce que*. Comment l'enfant formule-t-il ces questions de cause et ces explications initiales ? Quelles sont les réponses ou les solutions qu'il s'attend à recevoir ? Quel est le sens des *pourquoi* et des *parce que* qu'il utilise alors ? Ces termes explicatifs ont-ils déjà une authentique valeur causale ? Si l'on en croit les données rapportées par Piaget (1947, 1972, 1976), il semble que non, toutes les explications et recherches d'explication de l'enfant de moins de 6-7 ans étant de nature précausale et prélogique.

Les caractéristiques de sa pensée sont les suivantes :

• Le monde physique et le monde des idées ne constituent pas deux réalités bien distinctes : ordre psychique (ou logique) et ordre physique (ou causal) se confondent. Toutes les constructions humaines ayant un pourquoi, l'enfant soumet au même traitement tout ce qui se présente. Tout dans la nature a une raison d'être, tout peut se justifier, rien n'est fortuit ; tout est construit, intentionnel et cohérent : « L'enfant questionne... comme si la réponse était toujours possible, comme si le hasard n'intervenait pas dans les phénomènes. La notion du donné échappe à l'enfant, lequel se refuse à admettre qu'il y ait dans l'expérience des rencontres fortuites simplement données sans être justifiées. Il y a donc chez l'enfant une tendance à la justification à tout prix, une croyance spontanée que tout tient à tout et qu'il est possible de tout expliquer par tout ». (Piaget, 1976, p. 170).

• La « cause » que l'enfant cherche à mettre sous tous les phénomènes est d'abord une intention. L'apparition des *pourquoi* et des *parce que* coïncide avec le besoin de chercher (et de trouver) des intentions à toute chose : « La pensée est portée à projeter en toutes choses des intentions, ou à lier toutes choses par des liaisons subjectives, non fondées dans l'observation ». (Piaget, 1976, p. 207).

• Le pourquoi d'un phénomène n'est pas cherché dans le comment de sa réalisation physique mais dans l'intention qui est à son point de départ. Intentionnalité psychologique et causalité physique sont d'abord confondues, et ce n'est que progressivement que l'enfant parvient à les distinguer. Dans ces explications, il est réaliste. Sa pensée est attachée aux choses : « La pensée, à ce stade, reste entièrement réaliste, c'est-à-dire entièrement projetée dans les choses et confondue avec elles pour la conscience de celui qui pense [...] l'enfant ne saura, en effet, distinguer le concept de la chose elle-même, puisque les choses ne forment pas encore un ordre indépendant mais qu'elles restent pénétrées d'intentions et de finalité ». (Piaget, 1947, p. 122). Cette attitude réaliste empêche de considérer les choses en elles-mêmes, de les analyser dans leurs relations internes, de dégager les rapports qu'elles entretiennent : soit il les amalgame, soit il les analyse d'une manière fragmentaire, sans souci de synthèse ou de cohérence.

• L'enfant est peu systématique, peu cohérent, peu déductif, étranger au besoin d'éviter les contradictions, juxtaposant des affirmations au lieu de les systématiser. Pour lui: «... il n'y a que des liaisons partiellement senties, partiellement formulées, et beaucoup plus esquissées que dégagées». (Piaget, 1972, p. 26).

Il raisonne sur des cas singuliers ou spéciaux, entre lesquels il ne cherche pas s'il y a ou non contradiction. Il n'infère que du singulier au singulier, ne procède que du spécial au spécial: «A chaque objet correspond une explication spéciale, et par conséquent des relations spéciales lesquelles ne peuvent donner lieu qu'à des raisonnements spéciaux». (Piaget, 1947, p. 150). L'enfant témoigne d'une assurance extrême. Il est porté à croire à toutes les hypothèses qui lui passent par la tête sans éprouver le besoin de preuves. Toute idée pour lui devient croyance: « [il] vit dans un perpétuel état de croyance, c'est-à-dire de confiance dans sa propre pensée» (Piaget, 1947, p. 113).

Dans *Le langage et la pensée chez l'enfant*, Piaget a recueilli et analysé 1.125 questions d'un enfant de 6;3 à 7;1, parmi lesquelles figurent 360 *pourquoi*: «Le pourquoi, entre 3 et 7 ans, est une sorte de question à tout faire, qui demande indifféremment la raison de tout, même là où il n'y a pas de raison sinon par une confusion de l'ordre psychologique et de l'ordre physique». (Piaget, 1976, p. 196). «L'abondance même des "pourquoi" doit nous porter à penser qu'ils constituent une sorte de question à tout usage, et de question indifférenciée, comportant en réalité plusieurs sens hétérogènes». (Piaget, 1976, p. 156).

Piaget, en se basant sur le genre de réponses que l'enfant attend, et en classant ces *pourquoi* par contenu, a réussi à dégager le sens de quatre types de *pourquoi*, toutes les transitions existant entre ces types. Dans *Le jugement et le raisonnement chez l'enfant*, il a étudié 2.500 phrases d'enfants de 3 à 9 ans comportant des conjonctions de causalité et parmi elles de nombreux *parce que*. Il a ainsi décrit trois types de *parce que* qui correspondent à trois des types de *pourquoi* qu'il avait dégagés. Voici la typologie que l'on peut établir à partir de ces deux ouvrages:

1. Les *pourquoi, parce que* d'explication causale:

Avec ces *pourquoi*, l'enfant interroge sur des phénomènes matériels: phénomènes naturels, machines, objets fabriqués... (*pourquoi est-ce qu'on voit mieux l'éclair la nuit? pourquoi pas aux dames elles viennent les barbes?*). La réponse attendue implique l'idée de cause efficiente, qui produit un effet (*pourquoi l'herbe se penche? parce qu'il y a du vent*) ou de cause finale[1], c'est-à-dire qui explique un fait en le faisant connaître comme moyen d'une fin (*pourquoi les arbres ont des feuilles? pour respirer*).

Dans les propos spontanés des enfants, les *parce que* qui correspondent à ces *pourquoi* marquent des liaisons de cause à effet (*il y a une fenêtre qui est cassée parce qu'un écolier a jeté une pierre*). Mais lorsqu'on propose à l'enfant des phrases à compléter (*ce monsieur est tombé de sa bicyclette parce que...*) ces *parce que* peuvent introduire une liaison consécutive (*le monsieur est tombé de sa bicyclette parce qu'il s'est cassé un bras*) ou même une liaison finale (*j'veux faire un fourneau parce que pour le chauffage*) : « Les faits montrent qu'à 7-8 ans encore le mot "parce que" est parfois un mot équivoque, servant à tout et introduisant plusieurs types hétérogènes de liaisons, la liaison causale, la liaison consécutive, voire la liaison finale, et cela sans que l'enfant paraisse gêné par cette hétérogénéité ». (Piaget, 1947, p. 22).

2. Les *pourquoi, parce que* d'intention psychologique [2] :

L'enfant interroge sur une action ou un état psychologique; il cherche non une cause matérielle mais le motif qui a guidé l'action. La réponse attendue implique l'idée d'intention (*pourquoi vous m'apprenez à compter? pourquoi je fais vite et bien, avant je faisais vite et mal?*). Parallèlement, l'enfant explique les motifs ou les intentions d'une action (*j'ai donné une gifle à Paul parce que... il s'est moqué de moi*) : « Ces "parce que" psychologiques tantôt donnent une explication psychologique proprement dite (*il rit... parce que*), tantôt expriment le motif d'un acte ou d'un ordre (*je veux pas... parce que*) ». (Piaget, 1947, p.19).

3. Les *pourquoi* de justification des règles :

L'enfant interroge sur les règles et coutumes qui lui sont imposées : règles de langage, d'écriture, de civilité. Il cherche le motif non plus d'une action, mais d'une règle; tantôt il en recherche l'origine, c'est-à-dire l'intention de ceux qui ont décidé qu'il en serait ainsi, tantôt il réfléchit sur son but (*café noir, pourquoi noir? tous les cafés sont noirs;* à propos de l'énoncé : — *on met toujours un d à grand à la fin du mot.* — *pourquoi? qu'est-ce que ça ferait si on n'en mettait pas?*). Selon Piaget, les *pourquoi* relatifs au langage, et surtout les *pourquoi* d'étymologie constituent un cas de transition vers les *pourquoi* de justification logique. Dans *Le Jugement et le raisonnement chez l'enfant*, Piaget n'a pas décrit les *parce que* qui correspondent à ces *pourquoi*. Comme nous le verrons, ils constituent la majorité des *parce que* qui figurent dans notre corpus, soit que l'enfant recherche l'origine d'un signe, l'explique grâce à la relation qu'il entretient avec son référent ou avec d'autres signes, soit qu'il explique ses caractéristiques.

4. Les *pourquoi, parce que* de justification logique :

Les *pourquoi* et les *parce que* logiques sont très rares avant 7 ans. En utilisant ces *pourquoi*, l'enfant cherche la raison d'un jugement reconnu comme tel et non pas de la chose sur laquelle porte ce jugement. On peut par conséquent sous-entendre sous le *pourquoi*: *pourquoi affirmez-vous que...?* La réponse attendue implique preuve ou démonstration. Quant au *parce que* logique, il marque une liaison d'implication qui relie non pas un fait à un fait, mais une raison à une conséquence, un jugement à une preuve (*cette bête n'est pas morte parce qu'elle bouge encore, la moitié de 9 n'est pas 4 parce que 4 et 4 font 8*). L'enfant s'efforce d'apporter des preuves ou des commencements de preuves. On se trouve par conséquent en présence de cas rudimentaires d'argumentation, où l'enfant cherche à étayer un jugement par un embryon de raisonnement.

La définition de l'explication linguistique que nous allons proposer maintenant s'inspirera, sous son aspect psychologique, de la typologie des *pourquoi* et des *parce que* établie par Piaget.

3. DEFINITION DE L'EXPLICATION

Sur le plan linguistique, l'explication se définit par un trait syntaxique : présence d'une conjonction de cause ou finale (*parce que, puisque, comme, pour que*, etc.) ou de l'adverbe interrogatif *pourquoi*. Dans notre corpus, *parce que* et *pourquoi* couvrent la quasi-totalité des emplois. On ne relève que 3 occurrences de *comme*; 1 de *si... alors*; 1 de *si... c'est pour*; 1 de *alors*; 1 de *pour que* et 2 fois *pour* suivi d'un infinitif. *Puisque*, employé 3 fois, n'apparaît pas avant 5-6 ans. L'enfant ne connaît pas *étant donné que, vu que, afin que*, etc. Il ignore évidemment la conjonction de coordination *car*, qui paraît très rare dans le langage parlé. Par rapport à la diversité des moyens dont dispose l'adulte, ceux qu'utilise l'enfant sont donc pauvres.

Un trait lexical est fréquemment associé à ce trait syntaxique, avec l'emploi d'un verbe de parole (*parler, s'appeler, dire*, etc.) ou d'un terme métalinguistique classificateur (*mot, nom*, etc.).

Ici encore, nous avons regroupé formes explicatives affirmatives (*on dit X parce que, c'est un mot long parce que...*) et formes explicatives interrogatives (*pourquoi on dit X?...*), *pourquoi* interrogatifs et *parce que* introduisant une subordonnée causale. En effet, ces formes apparaissent chez l'enfant à un âge identique, elles sont utilisées de manière équivalente, et fréquemment même sont confondues, elles se succèdent souvent dans les énoncés enfantins, lorsqu'il répond lui-même à la question qu'il pose.

Sur le plan psychologique, l'explication se définit :

• d'une part selon l'objet du renvoi que l'enfant établit (renvoi à un comportement linguistique, à la relation d'un signe à ce qu'il désigne, à d'autres signes ou parties de signe, à celui qui le produit, à une signification);

• d'autre part selon le sens du terme explicatif que l'enfant utilise (causal, étymologique, psychologique, logique). Ces deux aspects sont évidemment liés puisque le sens des termes explicatifs que l'enfant utilise est en partie déterminé par l'objet du renvoi qu'il établit.

Cette définition de l'explication nous permet d'établir la typologie suivante :

Tableau : Typologie des constructions explicatives enfantines selon les renvois établis et le sens des termes explicatifs utilisés

Renvoi	Sens du terme explicatif
1. à un comportement linguistique, en tant que phénomène matériel	1. pourquoi, parce que d'explication causale
2. à la relation d'un signe à celui qui le produit	2. pourquoi, parce que d'intention psychologique
3. aux relations d'un signe à son référent	3. pourquoi, parce que de justification référentielle
4. aux relations d'un signe aux caractéristiques lexicales ou morphologiques du système linguistique	4. pourquoi, parce que de justification morphosémantique
5. à la signification d'un jugement d'une affirmation d'une désignation	5. pourquoi, parce que de justification logique

Voyons dans le détail chacune des rubriques de cette typologie.

4. QUAND L'ENFANT EXPLIQUE LE LANGAGE

En fonction des travaux de Piaget qui décrivent les caractéristiques de la précausalité propre à l'enfant de moins de 6-7 ans, il faut s'attendre à ce que l'enfant de cet âge achoppe sur l'arbitraire du langage et que ses explications et questions témoignent d'un besoin de justifier toutes les idiosyncrasies de la langue. Il est probable qu'il situe le langage sur un plan réel et le conçoive à la fois comme entièrement motivé, entièrement raisonnable, pénétré d'intentions et de finalité, et comme participant néanmoins davantage des choses que du sujet pensant. Il est également vraisemblable qu'il conçoive les signes tels que la perception immédiate les lui présente et sache trouver, sans analyse, des analogies entre les signes et les choses, ou entre des signes étrangers les uns aux autres. Avant de parvenir à dégager les liaisons objectives qui relient les signes les uns aux autres, l'enfant devrait opérer des rapprochements imprévus, imposer des jugements subjectifs qui mélangent l'ordre du réel, du possible ou de la fiction, faute d'une distinction claire entre ces différents ordres. Il faut enfin s'attendre à ce qu'il croie immédiatement à tous les rapprochements qu'il établit et qu'il propose avec assurance et confiance des explications qu'il juxtapose sans chercher à les organiser. Il devrait donc commencer par s'intéresser à des signes particuliers, considérés en eux-mêmes, et n'en proposer que des explications singulières. Il ne devrait penser que progressivement et tardivement aux relations objectives (phoniques, morphologiques, sémantiques, syntaxiques) qu'ils entretiennent les uns avec les autres.

4.1. Les explications de nature causale

Elles apparaissent vers 3 ans. L'enfant cherche à expliquer les caractéristiques matérielles d'un comportement ou fait linguistique (qualité de la voix, de la prononciation, vitesse de parole, capacité de parler, etc.). L'explication qu'il cherche ou propose est de nature causale dans la mesure où les comportements ou faits linguistiques sont conçus sous leur aspect matériel:

S. 3;4: X - qu'est-ce qu'il te répond, Lénine (un chat en papier)?
    S - il répond rien parce qu'il est en papier.

Jérémy 4;2 parle avec une voix grave, on le lui fait remarquer. Il explique: - parce que je parle du nez.

Charles 5;2 à son père dont la voix est d'ordinaire grave, sourde: - pourquoi, Papa, parles-tu comme un pauvre?

4.2. Les explications de nature psychologique

Elles apparaissent également dès 3 ans. L'enfant cherche l'intention, le motif qui a guidé la production de tel ou tel signe. L'explication qu'il cherche ou propose est de nature psychologique puisqu'il tente de déceler l'intention de celui qui produit un signe ou explicite les motifs l'ayant conduit lui-même à en produire :

Jérémy 3;2 : - c'est mes griffes (montrant ses mains) elles s'appellent Falistes.

On lui demande pourquoi il les appelle ainsi : - parce que ça me plaît.

Valérie 3;2 : - passe-moi le Miroir (pour Miror — on fait les cuivres — elle réalise que ce n'est pas tout à fait exact et insiste) : - passe-moi le Miroir de Blanche-Neige, passe-moi le Miroir, je dis ça pour te faire rire !

Hélène 4;0 : H - bonjour Andréa (à une personne qui s'appelle Anne).

A - mais c'est pas mon nom, pourquoi m'appelles-tu comme ça ?

H - parce que je trouve que c'est plus joli !

Jérémy 4;7, alors que sa tante lui dit en plaisantant *merci, Jérémouille* : - pourquoi tu me dis Jérémouille ?

Valérie D. 6;0, alors qu'on lui demande ce qu'est un *turlututu* qu'elle est en train de fabriquer : - si je parle, c'est pour dire à toi ce que c'est !

4.3. Les justifications référentielles et le réalisme nominal

Comme nous l'avons vu précédemment, les signes sont pour l'enfant de moins de 3 ans indissociables des choses qu'ils désignent et ne requièrent, de ce fait, aucune explication : ils se justifient par l'existence même des choses. Par contre, dès que les signes se dissocient des choses qu'ils nomment et des propos où ils apparaissent, aux environs de 3 ans, ils nécessitent, du point de vue de l'enfant, une justification.

Avant d'envisager les différentes justifications enfantines proposées, il est nécessaire, pour mieux les situer, de rappeler les types de motivation envisagés en linguistique. On sait que si la relation du signe à son référent est arbitraire en dehors des cas limites de symbolisme phonétique (par exemple, les onomatopées censées reproduire des bruits), il n'en va pas de même des relations de signe à signe. On distingue ainsi une motivation morphologique et une motivation sémantique. La première se fonde sur l'existence de séries dérivationnelles. Elle est à la base de nombreuses créations lexicales : si le suffixe *-ier* désigne un agent dans les substantifs *jardinier, crémier, épicier,* etc., il pourra, comme chez Valérie D., être utilisé pour la fabrication du terme *poubellier* (éboueur). Il est évident que cette motivation morphologique est également sémantique puisqu'elle repose et sur la forme et sur le sens des affixes. La seconde, au contraire, est exclusivement sémantique. Elle apparaît par exemple dans la métaphore. Désigner par *oreille de géant* une plante aux larges feuilles ovales, c'est motiver le signe en privilégiant certains traits de signification, alors que le signe scientifique, *bardane,* est arbitraire.

Retrouve-t-on chez l'enfant ces types de motivation ?

Les premières justifications qui apparaissent aux environs de 3 ans ne concernent jamais la place d'un signe au sein des autres signes, mais exclusivement la relation du signe à son référent, et portent sur la dénomination :

Jérémy 3;3 montrant une maison, demande : - pourquoi ça s'appelle une maison ?

Valérie 3;4 : - pourquoi ça s'appelle les Femmes savantes ? Ah ! parce qu'i savent. I savent lire, je crois.

S. 3;5 : - ça s'appelle une grenadine (une grenade) parce qu'il y a des grains dedans.

Valérie 3;7, à propos de l'hôtel de l'Ourson : - parce qu'on mange de l'ours ici ?

Charles 4;3, on vient de lui indiquer le palais, partie de la bouche, il demande pour expliquer le mot : - c'est parce qu'on boit du lait ?

Ces justifications reposent sur des caractéristiques référentielles. On pourrait néanmoins être tenté de croire que dans certains cas elles s'appuient sur des rapprochements de signes, sur des séries flexionnelles (*savent/savantes*) ou dérivationnelles (*ours/ourson*), sur des analogies ou ressemblances phoniques entre parties de signes (*palais/lait, grenadine/grain*). Mais en réalité, à la différence de ce qui se produit vers 4 ans, lorsque l'enfant est capable d'une mise en relation intralinguistique, au stade qui nous intéresse présentement, c'est toujours la relation signe/objet qui est centre de l'intérêt de l'enfant. Quand il interroge sur une dénomination, il interroge en fait sur une propriété de l'objet. Aussi les rapprochements qu'il opère n'ont-ils pas de valeur linguistique. Un signe n'est pas justifié par un autre signe, mais par des propriétés, attributs, parties, actions de l'objet qu'il désigne. Les ressemblances phoniques n'étant pas fortuites aux yeux de l'enfant de cet âge, mais fondées sur des propriétés du réel, *Les Femmes savantes* sont ainsi appelées parce qu'elles savent lire (et non parce qu'elles savent tout simplement, ce qui serait l'analyse d'un adulte attentif aux relations morphologiques), à l'hôtel de l'Ourson on mange de l'ours, c'est par le palais que passe le lait que l'on boit, une grenadine contient des grains. Les Femmes savantes, l'hôtel de l'Ourson, le palais sont assimilés à l'une de leurs propriétés, attributs ou activités que reflète le signe qui les désigne. Tout signe entretient une relation privilégiée avec son référent, relation qui ne saurait être arbitraire et est au contraire réelle et naturelle. C'est pourquoi ce premier type de justifications ne peut être qualifié que de référentiel. Ce n'est pas de la relation formelle *savent/savant* que l'enfant déduit une relation sémantique, comme le fait l'adulte et comme lui-même le fera ultérieurement. C'est parce que les *Femmes savantes* savent lire qu'il est normal que *savant* et *savent* soient formellement apparentés. En d'autres termes, la relation morphologique n'est pas première, elle n'est que la conséquence des caractéristiques des objets. On ne saurait pas davantage parler de justification sémantique, puisque ce ne sont pas des significations qui sont ici en cause, mais uniquement des descriptions d'objets.

Remarquons encore que les explications données par l'enfant reposent sur des relations de type métonymique (contiguïté, relation de contenant à contenu...) ou synecdochique (inclusion de partie à tout, propriété...). Elles semblent prendre essentiellement deux formes: mention du lieu (*ici, dedans*...) et désignation d'un objet par l'une de ses propriétés. Il est frappant que les justifications fondées sur des relations de type métaphorique n'apparaissent pas à ce stade. C'est qu'elles supposent une mise en relation des significations que l'enfant de ce niveau n'est pas capable d'opérer.

Si, par ailleurs, on interroge l'enfant sur les propriétés d'un signe (longueur, force, type, etc.), il les infère et les justifie à partir des propriétés de la chose qu'il désigne:

Jérémy 3;2 furieux contre sa cousine, il lui dit *ta gueule*. On lui fait observer qu'il a affirmé ne pas dire de gros mots (affirmation faite la veille). Il rétorque: - c'est pas des gros mots, les gueules!

Guillaume 3;9, alors qu'on lui demande si *pain* est un mot long ou court: - mot long, parce que les baguettes, c'est long.

Ainsi un mot est long ou court parce qu'il désigne un objet long ou court, ou un objet dont l'une des parties est longue ou courte. Un mot n'est pas un gros mot parce que l'objet qu'il désigne n'est pas un mot: ici encore il faut admettre qu'il existe pour l'enfant un lien réel, un mimétisme, entre les caractéristiques des signes et les caractéristiques des choses que ceux-ci désignent puisque l'enfant peut, sans difficulté, inférer les qualités d'un signe à partir de la chose qu'il désigne quelles que soient ces qualités (taille, force, poids, etc., et même la propriété de n'être pas un mot!), comme si celles-ci déteignaient tout naturellement de la chose sur le signe: «L'enfant établit un lien particulier entre mots et objets, lien qui, en plus de la référence, se caractérise par la communauté de certaines propriétés.» (Berthoud, 1980, p. 143).

Toutes les justifications référentielles de l'enfant de moins de 6 ans témoignent d'une attitude réaliste que Piaget a qualifiée de **réalisme nominal**. L'enfant est en effet incapable de concevoir une désignation comme fortuite: «L'enfant considère les noms comme une propriété des choses, laquelle émane directement des choses.» (Piaget, 1947, p. 39). «Tout objet, aux yeux de l'enfant, semble posséder un nom primordial et absolu, c'est-à-dire faisant partie de la nature même de cet objet.» (Piaget, 1947, p. 30).

Les signes participent des choses; sans analyse, l'enfant perçoit des analogies immédiates entre signes et choses ou entre signes qu'ils soient ou non vraiment reliés dans le système linguistique. On trouve donc côte à côte des rapprochements fondés aux yeux de l'adulte et des rapprochements qui lui paraissent fantaisistes. Pour l'enfant, ils ont le même degré de réalité et de consistance.

Néanmoins, les tentatives de motivation de l'enfant évoluent en ce sens que dès 4 ans - 4 ans 1/2 elles peuvent devenir un jeu. L'enfant de 3 ans cherche avec sérieux et propose avec conviction ses explications étymologiques, alors qu'on peut observer chez celui de 4 ans - 4 ans 1/2 des tentatives de motivation ludiques, auxquelles il ne croit pas vraiment.

Valérie 4;4: - Madame Barbet, elle s'appelle comme ça parce qu'elle est barbe.

S. 5;8: - pourquoi c'est un polard? parce qu'il y a un papillon sur la couverture et que le papillon est en peau.

S. 5;11 explique à propos de sa maîtresse d'école: - Madame Sonia, parce que c'est elle qui fait sonner la cloche.

Comment expliquer cette évolution? Est-ce parce que l'enfant a remarqué que ses tentatives de motivation retiennent l'attention de son entourage et l'amusent? Est-ce parce qu'il commence à pressentir le peu de fondement de ses trouvailles? Est-ce faute de trouver des explications vraiment satisfaisantes pour l'intelligence qu'il en propose d'amusantes? Il est difficile d'en décider. L'attitude enfantine reste pourtant exactement la même: qu'il soit sérieux ou qu'il plaisante, c'est toujours vers une motivation de nature référentielle qu'il s'oriente.

Toutes ces tentatives de motivation portent exclusivement sur une seule et même partie du discours: les substantifs (noms de personne, noms communs), seuls signes que l'enfant cherche à motiver. Les verbes, adjectifs et adverbes ne donnent jamais lieu à des tentatives de motivation analogues. Les *Femmes savantes* n'apparaît pas comme un contre-exemple à cette affirmation, l'ensemble de l'expression faisant l'objet de l'interrogation de l'enfant. Si ce fait était confirmé par des observations plus systématiques, cela signifierait que la conscience que l'enfant a du langage varie et évolue différemment selon les parties du discours, que le **réalisme nominal** tel que Piaget l'a décrit ne concerne que les substantifs et que le terme est par conséquent à prendre, en français, à la lettre. Les substantifs, dans la mesure où ils renvoient à des objets observables et prégnants perceptivement (personnes, animaux, objets de la nature ou objets fabriqués, etc.) sont pour l'enfant (et peut-être également pour l'adulte) des signes qui ont plus de «réalité» que les verbes, les adjectifs, les adverbes. Ils sont plus difficiles à concevoir indépendamment des «réalités» qu'ils désignent. Ils ne peuvent l'être que tardivement (vers 5-6 ans ou même 7 ans), l'enfant gardant longtemps l'impression d'un accord entre eux et ces réalités. Les substantifs semblent difficiles à abstraire, outre des réalités qu'ils désignent, des signes qui les accompagnent dans un énoncé puisque, comme nous l'avons montré précédemment, les premiers cas nets de mention sont mention de parties du discours autres que les substantifs. Verbes, adjectifs et adverbes semblent pouvoir fonctionner chez l'enfant comme des autonymes bien avant que les substantifs ne puissent le faire. Le moment à partir duquel les substantifs fonctionnent comme des autonymes est d'ailleurs difficile à établir avec précision, puisqu'ils sont généralement extraits de la chaîne parlée accompagnés d'un déterminant (*c'est quoi un étang? qu'est-ce que c'est une perceuse?...*vs *c'est quoi énervé? qu'est-ce que c'est fatigué?*).

Berthoud (1980) a mis en évidence des résultats qui semblent confirmer la place particulière qu'occupent les substantifs dans les conceptualisations de l'enfant portant sur le langage. Elle observe que lorsqu'on demande à l'enfant de 4 à 12 ans de dire un mot, il cite le plus souvent un substantif: nom de personne, de chose ou d'animal. Seuls 22 enfants sur 123 mentionnent autre chose: 4 citent des verbes (*dormir, parler, marcher, avancer*), 2 des adjectifs (*grand, fragile*), 1 un adverbe, 1 une conjonction, 1 des lettres, et les autres des phrases, identifiant alors les mots aux phrases. Il semble bien que pour l'enfant francophone le réalisme nominal ne concerne qu'une seule partie du discours, les substantifs. On peut alors se demander sur quelle partie porte celui-ci chez des enfants parlant d'autres langues. Quelles sont, selon les langues, les parties du discours qui donnent lieu à une attitude réaliste?

4.4. Les justifications morphosémantiques

Elles apparaissent plus tardivement que les justifications référentielles, vers 4 ans - 4 ans 1/2. Ce ne sont plus les signes pris globalement dans leur relation aux objets que l'enfant cherche à justifier, mais leurs particularités. Les tentatives de motivation que nous observons sont de deux types:
1. Soit l'enfant s'intéresse aux marques morphosyntaxiques: morphèmes flexionnels ou dérivationnels. Il interroge ou commente l'adéquation ou le sens de l'une de ces marques. Il s'agit donc d'une motivation morphosémantique:

Louis 3;11, alors qu'il se promène dans le verger d'une maison qui s'appelle Poirier:
- tiens! on dit poirier pour l'arbre comme pour la maison... pourquoi on dit ier avec?
- oui, pourquoi on dit ier après poire?

Valérie 4;0: - Gil est un hospitaliste, comme i va à l'hôpital.
Charles 4;3: - c'est parce qu'on se verra encore qu'on dit au revoir?
Jérémy 5;0: - l'autocollant, parce que c'est fait pour coller.
S. 5;3 à propos du mot rature: - c'est parce qu'on a raté.

2. Soit l'enfant s'intéresse au lexique et à son organisation (séries, relations de synonymie, d'hyperonymie, etc.):

Valérie 3;10: - Pourquoi on appelle des oiseaux des merles, pas tous les oiseaux, mais les merles, et aussi les pigeons?

Nous pourrions parler alors d'une motivation morpholexicale.

Contrairement aux tentatives de motivation référentielle, les justifications morphologiques concernent toutes les parties du discours: substantifs, verbes, adjectifs, adverbes. Elles témoignent d'un progrès important: en effet, l'enfant ne s'intéresse plus aux signes en tant que tels, aux relations qu'ils entretiennent avec les choses, mais aux relations morphologiques ou lexicales qu'ils entretiennent les uns avec les autres, à leurs relations internes. Les marques morphologiques et l'organisation du lexique deviennent objet d'une réflexion délibérée: l'enfant réussit pour la première fois à isoler certaines propriétés objectives des signes et du système linguistique. Les justifications morphosémantiques sont donc des explications véritablement linguistiques. Elles marquent d'une part un début d'observations objectives de quelques propriétés (morphologiques, lexicales, sémantiques) des signes et du système linguistique, d'autre part le déclin du réalisme, des liaisons subjectives établies entre les signes et les choses. Gardons-nous néanmoins d'exagérer la portée des progrès qu'illustrent les justifications morphosémantiques de l'enfant de moins de 6 ans. Ces justifications ne remplacent nullement les justifications référentielles qu'elles côtoient, elles sont toujours moins fréquentes que celles-ci (pour le moins dans notre corpus), elles ne concernent jamais plus de deux ou trois signes à la fois, et n'envisagent que quelques faits de morphosyntaxe ou de lexique:
- flexion en genre et en nombre (*chat/chatte, cheval/chevaux*);
- sens d'un affixe dérivationnel (*jardin/jardinier/jardinet*);
- relations de synonymie, d'hyperonymie (*beau/joli, animal/chat*).

Ces premières justifications morphologiques reflètent les capacités cognitives de l'enfant de 4-5 ans telles que Piaget les a décrites.

L'enfant peut rapprocher deux ou trois signes pour les comparer sur la base de leur ressemblance **ou** de leur différence, mais jamais sur la base de leur ressemblance **et** de leur différence. Il peut former de petites collections de signes qui présentent une ressemblance ou une différence. Il peut mettre en correspondance un signe ou une partie de signe et une signification. Il peut découvrir qu'une variable se modifie sous la dépendance d'une autre variable (que la finale d'une base se modifie par exemple lorsqu'on construit un féminin, un terme d'action, un nom d'instrument, un diminutif, etc...). Mais l'enfant ne procède que de proche en proche sur des signes particuliers. Il continue à juxtaposer ses explications sans chercher à les systématiser; elles restent ponctuelles sans atteindre jamais à la généralité.

4.5. Les justifications logiques

Elles semblent très rares avant 6 ans. Les quelques exemples qui figurent dans notre corpus et qui concernent des enfants de 5 1/2 - 6 ans sont difficiles à interpréter. Lorsque l'enfant cherche bien à justifier la raison d'une désignation, d'une affirmation ou d'un jugement, il ne relie jamais explicitement celui-ci à la preuve qu'il invoque. Son raisonnement «logique» se présente toujours alors sous la forme de deux affirmations juxtaposées:

Sandrine 6;0 affirme à propos d'un petit animal en peluche: - ça s'appelle Kiki d'eau parce qu'il flotte.

Comme son interlocuteur rit, elle ajoute: - c'est écrit sur la boîte: Kiki d'eau flotte.

Valérie D. 6;0 pour plaisanter: - moi je ne sais pas pourquoi tu t'appelles Madame Bonnet... tu mets jamais de bonnet... eh! Madame Bonnet sans bonnet!

Sandrine invoque le fait que *Kiki d'eau flotte* est écrit sur la boîte à titre de preuve de son affirmation qu'un petit animal en peluche s'appelle *Kiki d'eau* parce qu'il flotte. Quant à Valérie, elle met en avant le fait que Madame Bonnet ne met jamais de bonnet pour justifier son aveu au moins partiellement simulé et ludique d'incompréhension de cette désignation. L'une et l'autre juxtaposent et ne relient pas explicitement, à l'aide d'une conjonction, leurs deux affirmations. Lorsque l'enfant utilise une conjonction, celle-ci ne relie jamais clairement un jugement et la raison de ce jugement. Plutôt que de permettre d'étayer un jugement par une ébauche de raisonnement, cette conjonction permet simplement de le justifier par un fait:

S. 5;4: - puisque Papa n'est pas là, je peux t'appeler Papa. Tant pis, tu seras un papa à grosses doudounes.

S. 6;0: S. - ça, c'est une maison à chien.

X. - une niche.
S. - (en colère) eh beh, on peut dire une maison parce que c'est grand.

Comme ces ébauches de justification logique impliquent généralement l'expression d'une nuance modale (*savoir, pouvoir*), le chapitre suivant nous conduira peut-être à apporter quelques précisions à cette interprétation.

5. QUAND L'ENFANT CONSTRUIT DES SIGNES

La période durant laquelle les recherches de justification de l'enfant sont fréquentes, c'est-à-dire entre 3 et 5 ans, correspond à la période durant laquelle il construit le plus de mots. L'enfant construit-il des signes ayant les caractéristiques qu'il cherche et découvre dans ceux qu'il explique ? Examinons comment ses constructions lexicales manifestent, comme ses explications, une tendance à la motivation référentielle ou morphosémantique.

5.1. Les créations à motivation référentielle

Le jeune enfant fabrique spontanément de nombreux termes :

Bichat : petit chat (Thomas 2;8)
Lundimanche : jour imaginaire (Mathilde 3;0)
Prime jaune : à la place de primevère (Delphine 3;4)
Aiedos : oncle Fritz qui a mal au dos (Mathieu 3;0)

Ces créations sont en tout point parallèles aux justifications référentielles de l'enfant du même âge. Elles appartiennent presque exclusivement à la classe des substantifs et sont essentiellement des noms propres qui désignent les personnes de la famille, les jouets, les animaux familiers, etc. Ceux-ci sont toujours parfaitement justifiés. Ils sont motivés par des relations de type métonymique et reflètent les propriétés, attributs, parties, lieux des objets qu'ils désignent. «L'enfant, durant cette période, attribue fréquemment aux objets des noms qui reflètent ce qu'il connaît de ces objets, en ayant conscience non pas de choisir ces noms arbitrairement, mais au contraire d'attribuer à chaque objet son nom (nom qu'il connaît nécessairement dès qu'il connaît l'objet)». (Bonnet-Tamine, 1982a, p. 94).

Au niveau formel, il n'y a pas de véritable procédé créatif, l'enfant se borne à utiliser et modifier des termes existants. Il peut y avoir :

- soit **emprunt simple** :

Noisette : écureuil en peluche (Guénaële 4;1)

Pompon: cheval de carton pâte qui porte pompon (Marianne 4;0)
Nono: chien en peluche avec lequel l'enfant s'endort (Christophe 3;0)
- soit **déformation** d'un terme du lexique:
Chu: couche, le chiffon bien-aimé (Mathilde 2;0)
Lacature: couverture qui accompagne l'enfant partout (Jean 2;5)
Ticheu: petite sœur (Agnès 2;5)
- soit enfin **composition,** avec ou sans déformation, de deux termes:
Vertbelle: ballon vert (Sarah 3;2)
Cassuce: coussin que l'enfant suce (Patrick 3;0)
Mapa: père et mère (Mathilde 2;0)
Amimaux: tous les jouets animaux amis (Mathilde 3;0)

Nous disposons pour cette dernière catégorie d'un adjectif, *invraisensé* (S. 5;8): *invraisemblable* et *insensé*.

Clark et Hecht (1982) notent qu'en anglais le jeune enfant fait, dans ses premières créations, un emploi abondant de la composition: *plant-man* pour un jardinier, *fix-man,* pour un ouvrier, *fix-thing* pour un outil, *dog-house* pour une niche, etc. Selon ces auteurs, l'enfant emploie dans de telles constructions des éléments **transparents sémantiquement** (*dog, house, man...*); connaissant la signification de *dog* et de *house,* le terme *dog-house* aurait une signification transparente puisque l'aspect formel du terme reflète la relation du chien à la niche, alors que *kennel* (niche) ne reflète rien et est parfaitement arbitraire. Nous préférons parler ici non pas de transparence sémantique mais de **transparence référentielle** car, pour le jeune enfant, ce ne sont pas des significations qui sont en cause mais des descriptions d'objets. Comme nous l'avons vu dans le cadre des constructions présentatives et des citations, une extraction et une manipulation explicite de la signification ne devient possible que vers 4 ans - 4 ans 1/2. Avant cet âge, l'enfant ne s'intéresse aux signes que globalement dans leur relation au réel, il n'isole ni leurs propriétés formelles, ni leurs propriétés sémantiques. Dans ces créations à motivation référentielle, l'enfant reproduit d'ailleurs aussi bien les données du vécu, puisque les termes sont choisis en fonction des propriétés qu'il s'agit d'évoquer, que les données linguistiques, puisqu'il ne fait que répéter ou combiner des termes existants.

5.2. Les créations à motivation morphosémantique

C'est également à partir de 3 ans qu'apparaissent les créations morphosémantiques:
La Grande Fontière: fabrique imaginaire de machines en fonte (J.L. 3;5)

Oranie : tortue trouvée sur la route d'Oran (Jérôme 6;0)
Hindoute : femme d'un Hindou (Charles 4;4)
chaudée : chaude pour être restée longtemps près du four (Valérie 3;6)
grainée : montée en graines (Edmond 3;9)
déprisonner : faire sortir de prison (Valérie 4;1)
déprocher : s'éloigner (Jérémy 3;9)
retôt : en avance (Valérie 4;5)

Contrairement à la catégorie précédente, mais parallèlement aux justifications morphosémantiques, ces créations concernent toutes les parties du discours : substantifs, verbes, adjectifs, adverbes. Par voie de conséquence, elles ne se bornent plus à être liées aux objets du monde, mais elles entretiennent des relations précises avec un ou plusieurs autres signes du système linguistique. On peut dorénavant parler de créations linguistiques impliquant la reconnaissance des propriétés morphologiques et sémantiques de la langue. Elles sont d'ailleurs généralement conformes à ses règles, même si elles ne respectent pas l'usage de l'adulte. On sait en effet que dans le domaine du lexique il convient de distinguer les règles qui président à la formation des mots et le domaine d'application de ces règles, qui relève le plus souvent de l'arbitraire. Ainsi le suffixe *-eur* sert-il à former des noms d'agent sur base verbale (règle), mais ce ne sont pas toutes les bases verbales qui acceptent cette formation (domaine d'application de la règle). Si l'on a *nageur, dormeur, chanteur, soudeur, travailleur,* etc., on n'a pas *réfléchisseur, glisseur, tartineur, brosseur...* Les créations de l'enfant comblent souvent les lacunes arbitraires du lexique, qu'elles régularisent.

Les termes qu'il fabrique appartiennent aussi bien à la flexion qu'à la dérivation. Dans le premier cas, l'enfant régularise, en particulier en ce qui concerne la morphologie nominale, la formation du genre, soit qu'il fabrique un masculin à partir du féminin :

une marionnette / un mariono (Valérie, 3;6)
une mouflette / un moufleron (Valérie 3;7)
le papa de la louette / le louet (Charles 4;3)

soit un féminin à partir du masculin :

limaçon / limaçonne (Charles 4;6)
fou / foute (Charles 4;6)
Hindou / Hindoute (Charles 4;4)
M. Olivier / Mme Olivière (Charles 4;3)
singe / singine (Charles 4;6)
diable / diablette (Edmond 5;2)

Ces créations viennent tantôt combler une lacune du système linguistique (*marionnette → mariono*, en l'absence de tout masculin correspondant au terme féminin), tantôt sont parallèles à des termes existants, inconnus ou mal maîtrisés de l'enfant (*fou / folle / foute*). On remarque qu'elles sont conformes aux lois de formation du genre en français: ajout d'un suffixe (*diable / diablette, singe / singine*), opposition de suffixes (*mouflette / moufleron*), opposition entre une forme terminée par voyelle au masculin (*hindou*, [ɛ̃du], *Olivier* [olivje]) et par consonne au féminin (*hindoute* [ɛ̃dut], *Olivière* [olivjɛr]).

On n'insistera pas sur la flexion verbale, largement étudiée (Clark, 1982), qui fait apparaître la prédominance du modèle de la première conjugaison ainsi par exemple pour le participe passé *coudé* pour *cousu*, *mordé* pour *mordu*, etc.

C'est évidemment surtout dans la dérivation que se manifeste la création morphosémantique. Beaucoup de verbes sont créés chez l'enfant de cet âge, sur base nominale ou adjectivale, par l'adjonction du suffixe -*er*:

miaouner: faire miaou (Valérie 3;6)
panner: faire tomber en panne (Valérie 4;1)
librer: libérer (Valérie 4;3)
piper: fumer la pipe (Charles 4;8)

La majorité de ces nouveaux verbes sont créés à partir de bases verbales et décrivent une action inverse ou opposée:

défatiguer: enlever la fatigue (Valérie 3;6)
désattacher: enlever des attaches (Valérie 4;0)
désendormir: réveiller (Valérie 3;3)
démonter: descendre (S. 3;3)
débâtir: démolir (Charles 4;1)

La variété morphologique et sémantique se manifeste essentiellement pour les substantifs. Ils se répartissent surtout en:

• termes d'agent, sur base verbale ou nominale:

arrangeur: celui qui arrange (Guillaume 3;7)
crémeur: mangeur de crème (Edmond 3;8)
poubellier: celui qui vide les poubelles (Valérie D. 5;2)
tambourier: celui qui joue du tambour (Charles 5;6)
gymnasteur: celui qui fait de la gymnastique (Lev 5;11)

• termes d'instrument sur base verbale:

râpeuse: râpe (S. 4;0)
protègement: protection (Valérie D. 6;0)

• diminutifs:

bœuflet: le petit du bœuf (Valérie 3;8)
bicheron: le petit de la biche (Valérie 4;3)

- noms propres :
Toutounette : sœur (D. 3;1)
Ogrinouche : ogre méchant (Maia 3;6)
Chez Madame Picaude : buisson de houx (J.L. 4;0)

et, dans une moindre fréquence, en termes plus abstraits désignant le fait de faire (base verbale) ou d'être X (base adjectivale) :

horriblité : horreur (Valérie D. 6;0)
soufflement : fait de souffler (Valérie D. 5;5)
gentisté : fait d'être gentil (Charles 4;4)
racontage : fait de raconter (Charles 4;10)

Du point de vue morphologique, ce sont les préfixes et les suffixes que l'enfant utilise dans ces créations. Les préfixes sont peu nombreux. Ils n'apparaissent jamais dans la création des noms propres (Bonnet-Tamine, 1982a), très rarement dans celle des autres substantifs, et presque exclusivement dans les verbes, participes passés, adjectifs, et dans les adverbes. Ce sont les préfixes *dé-*, bien représenté par les exemples précédents, et, dans une faible proportion, *re-* :

raller : aller de nouveau (Valérie 4;5)
remolir : refaire après avoir démoli (Charles 5;2)
et *en-* :
enfleuré : couvert de fleurs (Valérie D. 5;3)
enfourer : préparer des rouleaux de pièces pour la banque (Valérie 3;4)
s'empropir : se rendre propre (Edmond 5;5)

Les suffixes sont donc de loin le principal instrument de la création lexicale : suffixes verbaux, surtout en *-er*, suffixes nominaux essentiellement en *-eur, -ier, -et,* etc.

Dans notre enquête sur les noms créés par les enfants (Bonnet-Tamine, 1982a), nous avions relevé d'autres suffixes, empruntés également au système linguistique : *-ine (Quiquine), -ie (Oranie), -u (Rigolu), -aud* et *-aude (Noiraud, Picaude),* et mis en évidence que l'enfant utilise comme des suffixes certaines syllabes : *-ia (mamaia, papaia), -tou (mametou, papetou).* On voit bien sur ces derniers exemples ce qui distingue les créations motivées morphosémantiquement de celles qui le sont exclusivement référentiellement. Dans un exemple comme *Oranie,* la motivation référentielle est fondamentale et le lien métonymique évident, puisque la tortue ainsi nommée a été trouvée sur la route d'Oran, mais le terme est de surcroît intégré dans le système linguistique grâce au suffixe *-ie.* Les mots fabriqués ne sont donc plus des créations isolées, mais s'insèrent dans des séries, soit que ces séries soient bien attestées en langue et étendues, soit que réduites à deux ou trois termes elles soient elles-mêmes la création de l'enfant.

Dans tous les cas, qu'il s'agisse de flexion ou de dérivation préfixale ou suffixale, utilisant de vrais ou pseudo-affixes, c'est l'existence de ces séries fondées sur des rapprochements et analogies qui est fondamentale. La série, comme chez l'adulte, sert de moule productif. Ajoutons que ces séries peuvent être syntaxiques, l'enfant utilisant un cadre morphosyntaxique pour ces créations, ainsi Jérémy (4;0), très bavard, que l'on traite de *moulin à paroles* et qui parle un peu plus tard de son *moulin à gros mots*.

6. Conclusion

Pour conclure, tentons de répondre à la question soulevée en introduction sur les relations entre une activité linguistique et sa conceptualisation. Si l'on réfère aux travaux de Piaget sur la prise de conscience (1974), deux types de relations sont possibles :
1. soit action et conceptualisation vont de pair sans qu'il y ait de retard de la conceptualisation sur l'action;
2. soit action et conceptualisation ne sont pas contemporaines et il y a retard de la conceptualisation sur l'action.

Le premier cas est représenté par les explications référentiellement motivées qui apparaissent dès les premières créations à motivation identique. C'est en effet dès le même âge que l'enfant construit des signes référentiellement motivés et qu'il est capable d'expliciter cette sorte de motivation. Le second est illustré par le décalage entre les créations morphosémantiquement motivées et les explications correspondantes. L'enfant construit des signes morphosémantiquement motivés bien avant d'être capable de prendre conscience de cette motivation. Dès 3 ans, il utilise des suffixes et des préfixes dans ses constructions, et celles-ci peuvent faire série, alors qu'il faut attendre 4 ans - 4 ans 1/2 pour qu'il interroge sur les régularités et l'organisation du lexique. Il possède par conséquent un savoir-faire dont il ne peut pas d'emblée conceptualiser les règles. Il est intéressant de constater que nous retrouvons ici pour des activités linguistiques les deux types de relations entre action et conceptualisation décrits par Piaget pour des activités quelconques.

NOTES

[1] Piaget reprend ici la typologie aristotélicienne des différentes causes: matérielle, efficiente, finale, etc.

[2] Piaget les désigne de *pourquoi, parce que de motivation*. Pour éviter toute confusion, nous préférons parler de *pourquoi, parce que d'intention psychologique* et réserver l'usage du terme de *motivation* à la motivation linguistique.

Chapitre V
Les commentaires

1. POSITION DU PROBLEME

Les chapitres précédents nous ont montré que l'enfant était capable de traiter le langage comme un objet dont il pouvait parler, qu'il pouvait présenter, citer ou décrire, chercher à comprendre et à expliquer. Ils nous ont permis de mettre en évidence sa capacité à adopter à son égard une attitude très générale de réflexion et de conceptualisation. Celle-ci, qui apparaît dans la plupart des énoncés de notre corpus, est-elle la seule que l'enfant adopte à l'égard du langage ou en adopte-t-il parfois d'autres ? L'analyse des commentaires de l'enfant va nous permettre de répondre à cette question. Comme ceux-ci regroupent simplement des énoncés qui présentent une ou plusieurs des constructions précédemment décrites, ils ne nous apprendront rien de nouveau sur ce que l'enfant connaît du langage. Mais ils font apparaître, en plus d'un lexique métalinguistique plus riche que celui que nous avons vu jusqu'ici, un lexique de termes à valeur modale qui nous permettra d'inférer différentes attitudes de l'enfant par rapport au langage :
- attitude normative face aux mauvaises prononciations, aux fausses dénominations, aux erreurs de morphosyntaxe;
- attitude affective face à ses propres compétences, à ses intentions, à ses croyances de locuteur;
- attitude de fantaisie face à toutes les associations, enchaînements, plaisanteries, bêtises, jeux de mots que la langue suscite;

- attitude de collectionneur ou de curieux à l'égard des mots ou des sonorités étrangères, rares ou étranges.

Ce chapitre sera donc consacré à dégager, à partir des termes à valeur modale que l'enfant utilise, les attitudes les plus générales qu'il adopte à l'égard du langage, et à classer ensuite ses commentaires en fonction de celles-ci. Il nous permettra une réflexion sur les modalités du discours, leur statut chez le jeune enfant, leur genèse, et sur les capacités cognitives et linguistiques diverses qu'elles supposent.

2. DEFINITION DES COMMENTAIRES

Les commentaires sont les énoncés les plus complexes de notre corpus. Ils se définissent d'un point de vue linguistique par la présence d'une ou plusieurs des constructions analysées précédemment — référence au fait de parler, citation, présentation, appellation, explication — enrichies sur le plan lexical 1) de termes métalinguistiques (verbes de parole, termes classificateurs), 2) de termes de modalité, et 3) de termes qualificatifs non spécifiques (*petit, fort,...*). Sur le plan psychologique, ils se définissent, comme les constructions qu'ils impliquent, par un ou plusieurs renvois: renvoi à un comportement linguistique, à un signe, à ses propriétés phoniques, référentielles, sémantiques, morphologiques, renvoi à des propos cités ou présents dans le contexte, à leurs caractéristiques formelles ou à leur signification.

Ainsi par exemple le commentaire de Valérie 3;8:
- je vais dire quelque chose de génial: un bœuflet, c'est le petit du bœuf.

comprend une citation et une construction présentative, et l'expression d'une nuance modale puisque Valérie apprécie, en tant que locuteur, les propos qu'elle cite, en l'occurrence un signe de son cru; elle établit un renvoi à ce signe, ainsi qu'à ses propriétés sémantiques et morphologiques.

On voit que nous donnons à «modalité» un sens beaucoup plus large que celui qu'il a généralement en linguistique. Nous devons donc nous en justifier. Longtemps entendues par les grammairiens en un sens assez flou lorsqu'ils pensaient à en parler, elles sont venues sur le devant de la scène linguistique quand l'attention s'est portée vers l'énonciation, et non plus seulement vers l'énoncé, et que se sont trouvés intégrés à la théorie linguistique des concepts empruntés à la logique. Brunot, un des rares grammairiens traditionnels à avoir utilisé explicitement la notion de modalité, la définit par l'attitude du sujet parlant: «Une action énoncée, renfermée, soit dans une question, soit dans une énonciation positive ou négative, se présente à notre jugement, à notre sentiment, à notre volonté, avec des caractères extrêmement divers. Elle est considérée comme certaine ou comme possible, on la désire ou on la redoute, on l'ordonne ou on la déconseille. Ce sont là les modalités de l'idée.» (Brunot, 1936, p. 507).

En somme, les modalités sont définies comme le sont les modes, terme qui figure, puisque c'est une catégorie morphologique du verbe, même chez les grammairiens qui n'emploient pas le terme de modalité. Ainsi Grévisse les définit-il de la façon suivante: «Ils expriment l'attitude prise par le sujet à l'égard de l'énoncé; ce sont les diverses manières dont ce sujet conçoit et présente l'action, selon qu'elle fait l'objet d'un énoncé pur et simple ou qu'elle est accompagnée d'une interprétation.» (Grévisse, 1969, p. 564).

Dans ces conditions, peu d'énoncés échappent à la modalité, c'est-à-dire à l'appréciation de l'énonciateur. Dans la perspective de Brunot, on distinguera les modalités du jugement, qui expriment par exemple les certitudes, les pensées et les croyances, les doutes..., les modalités du sentiment, qui expriment par exemple attente, espoir, crainte, approbation..., et les modalités de la volonté, qui expriment l'ordre, l'interdiction, le conseil, la demande... Pour qu'il y ait modalité, il n'est pas nécessaire qu'elle soit exprimée explicitement par un quelconque outil lexical, comme dans les exemples suivants:

je *veux* qu'il vienne.
heureusement qu'il est venu!

Ce que Bally appellera la syntaxe affective peut également parfaitement marquer la modalité, exclamation:

      Il t'a dit ça!
vs.   je suis étonné qu'il t'ait dit ça.

ou ordre:

      viens ici tout de suite!
vs.   je veux que tu viennes ici tout de suite.

Cette position souple est encore actuellement partagée par certains logiciens. Voici par exemple ce qu'écrit Kalinowski (1976): «Il va de soi que le nombre des modalités est indéterminé. Elles ne sont donc ni exhaustivement inventoriées ni systématiquement classées.» (p. 12).

Néanmoins, la plupart des sémanticiens d'aujourd'hui sont loin de cette souplesse. Dans la même revue, Nef, partant de considérations identiques à celles de Kalinowski, en arrive à une attitude beaucoup plus tranchée.

L'un comme l'autre commencent par définir le *modus,* d'où dérive le terme de *modalité*: «Un modus est une détermination de quelque chose effectuée par un adjectif nominal, modifiant un substantif, par exemple "homme blanc", ou par un adverbe déterminant un verbe.»

Mais, alors que Kalinowski s'en tient là, ce qui explique qu'il puisse considérer comme indéterminé le nombre des modalités, Nef continue : «Mais il faut savoir que ces modes sont de trois types: l'un déterminant le sujet de la proposition comme dans "un homme blanc court", l'autre déterminant le prédicat comme dans "Socrate est un homme blanc", ou "Socrate court rapidement", le dernier, enfin, déterminant la composition du sujet et du prédicat comme dans "Que Socrate soit en train de courir est possible", et c'est une proposition de ce type qui est dite modale» (1976, p. 29).

L'étude des modalités va pour lui se réduire aux propositions modales, où la modalité est marquée explicitement par le lexique, et où elle porte non sur la «res», mais sur le «dictum».

Si certains philosophes et logiciens, comme Kalinowski, admettent en effet que les modalités puissent porter sur les choses elles-mêmes, lorsque, linguistiquement, n'est impliquée qu'une proposition :

à Socrate il est possible de courir (cité par Nef).
l'homme meurt nécessairement (cité par Kalinowski).

la plupart des logiciens actuels restreignent les modalités aux modalités de dicto, qui portent non plus sur certains termes de la proposition, et au-delà sur les choses, mais sur la proposition tout entière, qui constitue le dictum. Une subordination sur le plan linguistique est donc nécessaire :

que Socrate soit en train de courir est possible.
il est possible que Socrate soit en train de courir.

Ces modalités de dicto se trouvent de surcroît généralement réduites à trois grands groupes, les modalités aléthiques, qui portent sur la valeur de réalité de la proposition (nécessaire, impossible, possible, contingent), les modalités épistémiques, qui impliquent un savoir de l'énonciateur (certain, exclu, plausible, contestable), et enfin les modalités déontiques, qui impliquent le devoir ou le droit (obligatoire, interdit, permis, facultatif).

Nous avons renoué avec la tradition et n'avons pas suivi les analyses des logiciens et des sémanticiens modernes. Plusieurs raisons nous y ont conduites. En premier lieu ce type de modalités, en particulier les modalités aléthiques, semblent peu représentées chez les jeunes enfants. En deuxième lieu, les indications que nous avons déjà données sur l'apparition de la subordination à propos de la citation peuvent laisser supposer que les modalités portant sur le dictum seront plus rares que les modalités de re. Enfin, il ne nous semble pas qu'il y ait de correspondance parfaite entre les modalités de la logique et celles de la langue naturelle. Prenons le cas des verbes *devoir* et *pouvoir* sur lesquels les linguistes accumulent articles, livres et thèses; comment décider de leur valeur sémantico-logique, alors que leur caractéristique principale en langue est d'être polysémique? Dans l'exemple suivant:

il peut venir, je m'en moque.

pouvoir exprime-t-il la possibilité, l'éventualité, ou même la permission? Et dans:

il doit bien être quelque part.

que marque *devoir* ?

Nous nous rattacherons donc à la tradition de Brunot, que retrouve dans une perspective philosophique Granger, auquel nous emprunterons sa définition: «Nous entendrons au départ par modalité tout ce qui s'ajoute au *dictum minimal* de l'énoncé complet dégagé par le symbolisme logique. On s'aperçoit d'emblée en ce cas que tout énoncé naturel complet est modalisé, puisqu'il tient son caractère achevé d'une détermination pragmatique [...] que ne requiert pas le dictum propositionnel de la logique» (p. 84).

Nous envisagerons donc autant les jugements que les croyances ou les sentiments des enfants, les catégories logiques telles que le possible ou le nécessaire n'intervenant que parmi bien d'autres modalités. La modification du dictum minimal de l'énoncé pourra se faire par le biais d'un élément portant aussi bien sur un des éléments de ce dictum:

Eva 2;7: - parle bien, Zini.

que sur ce dictum tout entier, par la subordination:

Virginie 3;8: - c'est vrai Papa qu'i [ki] y a pas de loup dans la maison?

Il sera possible de classer les commentaires de l'enfant selon les modalités qu'ils expriment. Pour ce faire, nous nous inspirerons très librement de la typologie proposée par Granger (1979). Dans le chapitre où il analyse les caractéristiques des modalités propres aux langues naturelles par rapport à l'expression modale dans le symbolisme logique, il distingue, pour le discours:

1. Le mode de l'expression métalinguistique.
2. Le mode de l'expression intentionnelle.
3. Les modalités (logiques) au sens strict.

Le mode de l'expression métalinguistique et de l'expression intentionnelle concernent l'expression du dictum, alors que les modalités au sens strict concernent son contenu. Le mode de l'expression métalinguistique est celui où «le message s'exprime sur l'expression elle-même» (p. 85); le mode de l'expression intentionnelle «consiste à qualifier l'expression en tant que produit d'une pensée et plus précisément de la pensée d'un locuteur, qui n'est pas nécessairement celui-là même qui parle. Ces modes peuvent être décrits en termes psychologiques de croyance, doute, ordre, prière, selon les contenus des lexèmes qui les introduisent ou les accompagnent» (p. 85). Quant aux modalités au sens strict, «elles consistent à affecter le contenu du dictum d'un coefficient de réalité et de consistance» (p. 86). Elles s'incarnent souvent, outre dans des verbes comme *pouvoir* ou *devoir*, dans des expressions comme *il est possible que, il se peut que, il est vraisemblable que,* dans des adverbes ou locutions adverbiales comme *peut-être, sans doute,* ou dans des morphèmes flexionnels verbaux de temps et de mode:

il viendrait s'il n'était pas malade.
il aura rencontré quelqu'un en route.

Enfin elles sont paraphrasables par un adverbe de phrase, ce qui n'est pas le cas pour les deux premiers groupes de modalités:

il se peut qu'il vienne.
peut-être viendra-t-il.

3. LE LEXIQUE DES TERMES METALINGUISTIQUES: CONCEPT OU PRECONCEPT METALINGUISTIQUE?

Nous avons déjà eu l'occasion d'analyser le champ lexical des termes qui introduisent des citations et nous avons constaté qu'il était limité puisqu'il ne comportait que sept verbes de parole: *dire, faire, demander, répondre, crier, chanter, appeler.* Voyons si sur l'ensemble du corpus, le lexique de tous les termes métalinguistiques utilisés par l'enfant est aussi restreint. Voici l'inventaire des verbes de parole et des termes classificateurs rencontrés:

Tableau: *Lexique des termes métalinguistiques issu de notre corpus*

VERBES

Verbes de parole

dire (218)[2]
s'appeler (74)
parler (36)
vouloir dire (= signifier) (28)
appeler (23)
entendre (11)
raconter (8)
demander (7)
chanter (6)
crier (6)
dire bonjour (5)
répondre (3)
dire merde (2)
dire merci (2)
écouter (2)
annoncer (1)
répéter (= redire) (1)
téléphoner (1)
brailler (1)
se taire (1)

Verbes d'écriture

écrire (7)
lire (5)
noter (3)
marquer (1)

***Faire* et les locutions verbales qui le comportent**

faire (3)
faire bonjour (2)
faire pardon (1)
faire pin pon (1)
faire a (1)
faire cuicui (1)
faire ga (1)
faire coucou (1)
faire boum (1)
faire bè bè bè (1)
faire tic tac (1)
faire brr (1)

SUBSTANTIFS CLASSIFICATEURS

Unités de la phrase ou du discours

nom (12)
mot (12)
lettre (5)
phrase (2)
langue (1)
ton (1)
prénom (1)
voix (1)
conte (1)
histoire (1)
nom composé (1)

Noms de langue

anglais (6)
français (3)
allemand (3)
arabe (1)
tunisien (1)
tahitien (1)
italien (1)
chinois (1)

Ce lexique, issu de sept cents observations, ne comporte qu'une cinquantaine d'entrées. Parmi elles deux verbes, *dire* et *s'appeler,* sont fréquents; deux autres verbes, *parler* et *vouloir dire,* dans le sens de *signifier,* et deux substantifs, *mot* et *nom,* le sont relativement. Toutes les autres occurrences sont rares — environ la moitié d'entre elles n'apparaissent qu'une fois — et sont le fait de quelques enfants:

- Valérie, dont on relève les jeux de mots, pour *brailler, ton, phrase, conte, chinois, écrire, noter, marquer, annoncer;*
- Louis, dont on observe l'acquisition simultanée du français et de l'allemand dans les conditions une personne une langue, pour *langue, allemand, français;*
- S., dont les productions font l'objet d'un journal, pour *voix, phrase;*
- Jérémy, qu'on interroge fréquemment sur tel ou tel aspect du langage et qui voyage beaucoup, pour *répéter, arabe, tunisien, tahitien, italien, français.*

C'est évidemment à cause de l'intérêt que l'entourage porte au langage de ces quatre enfants qu'investi par autrui d'une relation à lui-même, il se diversifie et progresse.

A titre de comparaison, voici la liste des termes métalinguistiques établie par Rey-Debove (1983) sur un corpus limité de français parlé par des adultes issus de milieux populaires:

Tableau: Lexique des termes métalinguistiques issu des listes de Rey-Debove (1983)

VERBES

Verbes de parole

dire (discours direct) (29)
dire (discours indirect et référence
  au fait de parler) (22)
parler (fréquence non indiquée)
s'appeler (6)
appeler (3)
demander (2)
répondre (1)
raconter (1)
s'exprimer (1)
papoter (1)
déconner (1)
gueuler (= protester) (1)
s'engueuler (1)
fermer sa gueule (1)

Verbes d'écriture

écrire (1)
lire (1)
marquer (1)

***Faire* et les locutions verbales qui le comportent**

faire (discours direct) (17)

SUBSTANTIFS CLASSIFICATEURS

Unités de la phrase ou du discours

nom (1)
remarque (1)
expression (1)

Les quelque dix termes métalinguistiques standards utilisés par le locuteur adulte dans des propos de tous les jours figurent tous dans notre corpus.

Comme chez l'enfant, ces termes sont peu spécifiques; *dire* est le seul terme fréquent. *Vouloir dire,* dans le sens de *signifier,* n'apparaît pas, et *s'appeler* n'a pas, proportionnellement à la fréquence de *dire* (6 occurrences pour 51), la fréquence qu'il a dans notre corpus (74 occurrences pour 218). Ces deux termes, base de deux constructions, l'appellation et la citation, semblent donc avoir une importance particulière dans le langage enfantin. On ne peut toutefois exclure que la nature particulière de notre corpus liée aux choix opérés soit seule en cause. A l'exception du seul *papoter, déconner, gueuler, s'engueuler, fermer sa gueule* appartiennent à une langue populaire, voire argotique, que les enfants observés, pour la plupart issus de milieux où le langage est surveillé, n'utilisent pas. Nous pouvons à ce propos poser une question à laquelle nous n'apporterons pas de réponse: pourquoi les mêmes enfants qui produisent sans restriction des *pipi, caca* et *merde* n'ont-ils pas dans leur lexique *s'engueuler* ou *déconner*?

Voici également le lexique des termes métalinguistiques utilisés par des enfants de 4 à 12 ans auxquels on propose différentes tâches métalinguistiques: définir le terme *mot,* dénombrer les mots d'une phrase, juger de la taille ou de la difficulté d'un mot (Berthoud, 1980):

Tableau: *Lexique des termes métalinguistiques utilisés par des enfants de 4 à 12 ans dans des tâches métalinguistiques*[3]

VERBES	SUBSTANTIFS CLASSIFICATEURS
Verbes de parole	**Unités de la phrase ou du discours**
dire (57)	lettre (33)
vouloir dire (= signifier) (15)	nom (20)
parler (7)	phrase (17)
signifier (4)	verbe (13)
prononcer (4)	adjectif (8)
entendre (4)	article (7)
raconter (2)	syllabe (3)
s'appeler (2)	masculin (3)
répondre (2)	prénom (2)
demander (1)	histoire (2)
expliquer (1)	voyelle (2)
deviner (1)	féminin (2)
dire bonjour (1)	langue (1)
	sens (1)
	parole (1)
	consonne (1)

VERBES	SUBSTANTIFS CLASSIFICATEURS
Verbes d'écriture	Unités de la phrase ou du discours
écrire (2)	voix (1)
lire (3)	dictée (1)
	singulier (1)
	pluriel (1)

Les termes qui n'apparaissent pas dans notre corpus — *verbe, article, masculin, singulier...* — sont liés à des apprentissages scolaires (lecture, écriture ou grammaire); ils sont le fait d'enfants de plus de 6 ans. Il est étonnant de constater que ces apprentissages n'enrichissent que le lexique des substantifs : on vise, semble-t-il, à faire acquérir des concepts et pas du tout des verbes de parole utilisables en situation de communication.

Interrogeons-nous maintenant sur le statut des termes classificateurs utilisés par l'enfant : ceux-ci renvoient-ils à de véritables concepts, ou ne sont-ils que des préconcepts ? Dans la perspective piagétienne, il est admis que les termes qu'utilise l'enfant de 2 à 4 ans ne traduisent pas de véritables concepts, mais ce que Piaget appelle des préconcepts qui évoluent dans la direction des concepts entre 4 et 7 ans. Un **concept** est (Piaget, 1976) une classe qui fait partie d'un système de classes, qui entretient des relations d'inclusion, d'exclusion avec les classes de ce système; elle réunit des objets dont l'individualité est garantie et qui présentent une ou plusieurs caractéristiques communes. Un **préconcept** n'est qu'une sorte de classe, pas vraiment générale, qui n'appartient pas à un système et qui n'entretient pas de relations hiérarchiques avec d'autres classes. Il réunit des objets dont l'individualité n'est pas assurée, sur la base d'une parenté sentie subjectivement.

Les termes de *mot, nom, phrase, lettre* ont-ils valeur d'authentiques concepts ou ne correspondent-ils, chez le jeune enfant, qu'à des préconcepts ? Peut-on inférer de nos données que l'enfant possède par exemple une notion de *nom* ou de *mot* ? Dans le champ lexical des termes métalinguistiques de l'enfant de 2 à 4 ans, ces deux termes ne s'opposent pas, pas plus qu'ils ne s'incluent. L'enfant possède l'un ou l'autre ou les deux, et les utilise indifféremment. Ils n'entretiennent pas de relations précises avec des termes tels que *phrase* ou *lettre* avec lesquels ils semblent au contraire se confondre. Vers 5-6 ans par contre, plusieurs enfants commencent à distinguer les mots des lettres, les premiers impliquant les seconds :

Valérie D. 5;2 n'arrive plus à retrouver le nom d'un nain, Prof : - c'est un nom comme ça (elle écarte les bras et montre un très petit espace)... c'est un nom avec pas beaucoup de lettres... c'est un tout petit nom... il y a un o (trace des lettres dans l'espace) un autre derrière, encore un o... je sais plus... il y a un o, un t.

Hirsh-Pasek, Gleitman et Gleitman (1978) rapportent qu'on peut, à partir de 5 ans, faire apprendre sans difficultés la distinction entre le concept de *mot* et celui de *phrase*, mais qu'il est encore difficile de faire acquérir celle qui existe entre *mot, syllabe* et *son*.

Les résultats d'une recherche dans laquelle on demande à l'enfant de dire ce qu'est un mot (Berthoud, 1980) vont dans le même sens et montrent d'abord une indistinction entre *mot, nom* et *lettre*, puis une différenciation entre *mot* et *lettre*, et enfin l'organisation des concepts de *mot, lettre* et *phrase* : à 4-5 ans, un mot c'est *mon nom : Christine* (Chr. 4;2), *un mot c'est une lettre* (Did. 5;4), *c'est quand on dit bonjour, quand on dit quelque chose* (Ale. 4;5), *c'est on dit quelque chose* (Cor. 4;8). Par contre, dès 5-6 ans, les mots incluent les lettres ou les syllabes : un mot est fait *avec des lettres* (Ale. 6;6), un mot *c'est des lettres* (Ste 6;2), *c'est où il y a plusieurs syllabes, plusieurs lettres* (Yves 7;4). Dès 8 ans, les mots incluant les lettres sont eux-mêmes inclus dans les phrases : *un mot... c'est quand il y a une phrase, c'est une partie de la phrase* (Ric 8;7), *une phrase c'est plusieurs mots qui vont ensemble* (Ste 7;5), *c'est un mot qu'on peut servir dans les phrases* (Chr. 8;0).

Si l'on examine nos données de plus près, on s'aperçoit pourtant que dès 3 ans l'enfant établit des oppositions entre certains termes. Il ne les établit pas à l'intérieur du champ des termes métalinguistiques, mais entre différents plans ou différentes manières d'être du langage. S'il n'oppose pas les *mots* aux *noms*, aux *phrases* ou aux *lettres*, il oppose très clairement les *mots* aux *vilains mots*, aux *mots anglais*, aux *blagues*, aux *bêtises* ou aux *plaisanteries*. De même, il oppose le *dire* de la norme (*il faut dire, on doit dire*), au *dire* de fantaisie (*dire des blagues, des bêtises, n'importe quoi*), au *dire* personnalisé (*préférer, aimer, savoir dire*) et au *dire* étranger. C'est donc à l'intérieur du champ des termes de modalités que l'enfant établit des oppositions et c'est l'inventaire raisonné de ces termes qui nous conduira à une typologie de ses commentaires.

4. LE LEXIQUE DES TERMES DE MODALITE : LA GAMME DES NUANCES MODALES EXPRIMEES PAR L'ENFANT DANS SES COMMENTAIRES

Si l'on considère que l'on dispose, en français, d'une centaine d'expressions courantes pour exprimer des modalités, l'enfant n'en utilise qu'une partie dans ses commentaires comme on le voit dans le tableau suivant :

Tableau: Lexique des termes de modalité issu de notre corpus

VERBES

Modalités logiques

falloir (5)
pouvoir (=avoir l'autorisation,
  être capable, être possible) (14)
on dit (= il faut, on doit dire) (9)
se dire (= ça doit se dire) (1)
devoir (= être probable) (1)
arriver (= ça arrive) (1)

Modalités au sens large

savoir (27)
vouloir (12)
croire (9)
aimer (5)
comprendre (4)
apprendre (4)
trouver (3)
connaître (2)
expliquer (2)
arriver à (= réussir) (2)
penser (2)
plaire (2)
essayer (1)
se rappeler (1)
préférer (1)
se moquer (1)
se tromper (1)
jurer (1)
oublier (1)

GROUPES NOMINAUX[1]

blague (7)
plaisanterie (5)
gros mot (3)
bêtise (2)
farce (2)
sale mot (1)
secret (1)
rien (4)
n'importe quoi (2)

ADJECTIFS

vrai/pas vrai (7)
joli/pas joli (6)
beau/pas beau (2)
bon (5)
marrant (3)
drôle (2)
génial (2)
laid (1)
pas poli (1)
pratique (1)
juste (1)
normal (1)
difficile (1)

ADVERBES ET EXPRESSIONS ADVERBIALES

bien/pas bien (4)
pas mieux (1)
comme il faut (1)
c'est pas ça (1)

Aucune restriction ne pèse sur la combinatoire des verbes de parole et des verbes de modalité. On observe les concaténations habituelles, c'est-à-dire, selon le verbe introducteur utilisé, la construction :

1) avec un infinitif :

Jérémy 5;0 : - Pierre-Yves, i sait parler anglais, italien et français. C'est normal, puisqu'il est français.

Jérémy 5;1 : - essaie de dire : un dragon qui draguait un dragon.

2) avec une complétive en *que* (Gross, 1976 et Borillo, Soublin et Tamine, 1974) :

Virginie 3;10 : - tu racontes des blagues, c'est pas vrai qu'il en manquait.

Valérie 4;6 : - j'crois pas que tu as compris.

3) ou une interrogative indirecte :

Jérémy 3;11 : - je ne sais plus comment on dit merci en tahitien.

Dans quelques rares cas, les deux verbes sont moins strictement liés, et l'on voit apparaître, avec *aimer,* une proposition introduite par *quand :*

Valérie 4;6-5;0 : - pi moi j'aime pas quand on dit : ouais.

Ce ne sont pas de vraies propositions circonstancielles compléments de phrase, puisqu'elles ne sont pas mobiles dans la phrase :

*quand on dit : ouais, j'aime pas.

et sont très proches d'une complétive en *que,* comme le fait apparaître l'exemple suivant :

Jacqueline 3;6 : X - tu aimes que je te dise le nom des choses ?
J - oui, j'aime quand tu me dis les noms.

Elles ont l'avantage d'éviter l'emploi du subjonctif.

Nous n'observons aucune combinaison impliquant plusieurs verbes de modalité (*il doit vouloir dire, il sait pouvoir dire, il doit savoir dire, il peut aimer dire,* etc.). Les expressions qui permettent d'exprimer les catégories du possible et du nécessaire semblent très peu représentées. L'enfant n'utilise ni adverbe tel que *éventuellement, sûrement,* ni adjectif tel que *possible, nécessaire,* ni terme abstrait tel que *vérité, nécessité,* etc. ; il ne fait aucun commentaire comme *il est possible que ce nom lui plaise, il va à coup sûr l'appeler Pierre, il faut toujours dire la vérité.*

Si l'on se réfère aux travaux de Piaget sur la formation du possible et du nécessaire chez l'enfant (1981, 1983), on ne peut pas en fait s'attendre à ce qu'il exprime, avant 6-7 ans, des modalités logiques au sens strict. Selon Piaget, le possible et le nécessaire «cognitifs» ne sont pas des observables donnés dans l'expérience, mais le produit des activités du sujet ; ils doivent être construits. Chez le jeune enfant, réel, possible et nécessaire restent indifférenciés : «Le réel est à la fois trop pauvre, relativement au possible et indûment enrichi ou surestimé par rapport au nécessaire. Chacune de ces trois modalités est ainsi altérée en fonction des deux autres». (Piaget, 1981, p. 182). Le possible se réduit aux prolongements directs du réel actuel ; les seuls possibles envisagés par l'enfant sont les quelques variations effectivement observées ou anticipées de proche en proche à partir de celles qui viennent d'être actualisées. Le réel apparaît comme devant nécessairement être ce qu'il est : «Le réel est d'emblée conçu comme étant ce qu'il "doit être", ce qui conduit à une pseudo-nécessité généralisée.» (Piaget, 1983, p. 170). Ce n'est qu'à partir de 6-7 ans que ces trois modalités se différencient : l'enfant part alors d'un réel constitué de contenus concrets pour le compléter par la construction de possibles anticipés simultanément et de relations nécessaires évidemment encore limitées par les contenus concrets qu'elles relient. Enfin, à partir de 11-12 ans, les trois modalités sont intégrées en un système total où le réel apparaît comme un ensemble d'actualisations parmi celui des possibles. Aucune limitation ne pèse plus alors sur la construction du possible et du nécessaire.

Parallèlement, d'un point de vue linguistique, comme nous l'avons déjà signalé dans le chapitre sur la citation, les marques flexionnelles de temps et de mode ne sont que progressivement acquises (futur et conditionnel vers 3 - 3 1/2 ans, subjonctif vers 3 1/2 - 4 ans). Encore sont-elles à l'origine mal maîtrisées et présentent-elles seulement un petit éventail de valeurs. Il ne faut donc pas penser rencontrer des commentaires où l'enfant exprimerait à l'aide de verbes et d'adverbes modaux ou de morphèmes flexionnels, des modalités logiques au sens strict. Dans notre corpus, seuls les commentaires de quelques enfants expriment peut-être, à l'aide de moyens morphosyntaxiques tels que le conditionnel, le subjonctif, la conjonction *si... alors,* les formes initiales du possible et du nécessaire.

Quoique l'enfant de moins de 6 ans n'exprime jamais de modalités logiques, sa pensée évolue sur divers plans de réalité dès 3 ans (Piaget, 1976) et le problème des modalités peut être posé dès cet âge. Il consiste à se demander quels sont ceux qu'il distingue et quelles relations ils entretiennent les uns avec les autres.

Comme nous l'avons vu, l'enfant distribue le langage sur plusieurs plans, il oppose différentes manières d'être du langage. Dans ses commentaires, il est possible de distinguer l'expression d'une gamme de 4 nuances modales :
1. le mode de l'expression catégorisatrice;
2. le mode de l'expression personnalisée;
3. le mode de l'expression conforme à la règle linguistique;
4. le mode de l'expression de fantaisie.

Nous aurions pu distinguer une modalité supplémentaire, un peu particulière : le mode de l'expression étrangère, étrange, rare. Plusieurs enfants en effet opposent les mots de leur langue maternelle aux mots étrangers, le fait de parler leur langue au fait de parler une langue étrangère. Ils semblent considérer les sonorités ou les mots qui leur sont étrangers comme des curiosités dont ils peuvent à l'occasion faire collection ou habilement usage. Ainsi Jérémy qui rapporte d'un séjour à Tahiti quelques mots qu'il exhibe comme un coquillage ou une plume, ou qui fait astucieusement glisser du plan des gros mots au plan des mots arabes un gros mot sur lequel on l'interroge. Ce mode comprendrait peut-être non seulement les langues étrangères (pour les enfants non bilingues), mais également les bruits (ou le langage) des animaux et des bébés (Sinclair A., 1980). Faute de données suffisantes sur ce point, nous avons renoncé à définir cette nuance modale que nous croyons néanmoins très typique des enfants de 3-5 ans[5].

5. TYPOLOGIE DES COMMENTAIRES

5.1 Mode de l'expression catégorisatrice

Ce mode regroupe les commentaires comportant plusieurs termes métalinguistiques (verbes de parole, termes classificateurs), accompagnés ou non d'adjectifs qualificatifs dimensionnels tels que *petit, long, fort,* employés parfois adverbialement, qui impliquent une évaluation et non une appréciation affective du locuteur:

Chloé 2;11 alors qu'on lui demande si c'est Grégory, son frère, qui figure sur la photo qu'elle regarde: - non c'est Clavel Chloé prénom.

Valérie 3;8 à l'énoncé d'un adulte *je vais chercher la bagnole*: - bagneule? qu'est-ce que c'est? c'est d'l'anglais?

Hans 4;1: H - qu'est-ce que c'est Edouard?

    X - c'est un nom.

    H - mais non, ce n'est pas un nom. C'est seulement pour appeler: Edouard, rentre, rentre, rentre, tout de suite!

Jérémy 4;2 lors d'un séjour en Tunisie: - pourquoi on parle comme ça, en tunisien?

Valérie 4;4 après une explication de turbiner et tourbillonner, alors qu'elle avait demandé ce que voulait dire *tourbiner*: - oui, c'est ces deux mots que je demande.

Jérémy 4;7 au cirque est frappé par la voix d'un adolescent qui mue et que sa tante imite: - comment il a dit tout à l'heure? quand il dit fort comment il dit? et quand il dit petit?

Laetitia 4;8: - je raconte à Kati (une poupée) en anglais: glaou... (multiplication des diphtongues).

Valérie D. 5;0: V - quand on m'appelle Sandrine (le nom de sa sœur), je réponds pas.

    X - et quand on te dit seulement un morceau de ton nom, seulement un petit bout de ton nom, tu réponds?

    V - quand on me dit: Valé? je réponds.

Valérie D. 6;0 ayant pris goût à une tâche de définition à laquelle on l'a soumise une semaine auparavant, elle réclame: - dis-moi: qu'est-ce que c'est nénuphar?

Rappelons, pour ne plus y revenir ensuite, que tout commentaire inclut toujours, par définition, une ou plusieurs des constructions précédemment décrites: citation (Laetitia), présentation (Valérie, Chloé), explication (Jérémy), appellation et citation (Valérie D.), citation et présentation (Valérie D.), présentation et citation (Hans), et qu'il renvoie, comme ces constructions, à différents aspects du langage: caractéristiques matérielles d'un comportement linguistique (Jérémy, Valérie), particularités d'un ou plusieurs signes (Chloé, Valérie), propos passés ou futurs, actuels ou virtuels de différents locuteurs (Hans, Valérie D.).

Quel sens le jeune enfant attribue-t-il aux adjectifs dimensionnels et adverbes d'intensité qu'il utilise ? Différentes recherches rapportées dans Bramaud du Boucheron (1981, chap. IV) montrent que ces adjectifs ont d'abord un sens concret et particulier et qu'ils n'acquièrent que progressivement une valeur relationnelle, un sens plus général et abstrait. Nos données semblent le confirmer: Valérie 4;3 affirme qu'elle préfère dire *c'est marron* plutôt que *c'est marrant* parce que *c'est marron* est plus court; Jérémy oppose pour décrire la voix d'un adolescent qui mue *dire fort* et *dire petit;* quant à Geo 4;9 et Eri 4;11, c'est selon la taille de leur référent qu'ils qualifient certains mots de *petit* et de *long.* Seule Valérie D. 5;2 semble attribuer à *petit* un sens plus précis puisqu'elle affirme qu'un petit nom est un nom avec pas beaucoup de lettres et qu'elle en indique la dimension d'un geste. Remarquons encore que l'enfant évalue soit la taille des mots, soit l'intensité de la voix; nous n'observons aucune évaluation de la taille des phrases, de la vitesse de la parole ou de la longueur d'un discours.

5.2. Mode de l'expression personnalisée

Par ce mode, l'enfant exprime ses intentions, ses préférences, ses étonnements, ses découvertes, ses souhaits, ses croyances, ses souvenirs de locuteur. Il réunit les commentaires comportant des verbes exprimant l'intention (*vouloir* = avoir l'intention), la capacité (*savoir, pouvoir* = être capable), la croyance (*croire, penser*), les préférences (*aimer, plaire*), etc., et des adjectifs qualificatifs tels que *joli, bon, génial, drôle* qui permettent l'expression personnelle du locuteur. Soulignons que ces derniers ont probablement tous un peu le même sens aux âges qui nous occupent: une recherche de Ervin et Foster (1960) a en effet montré qu'à 6 ans des adjectifs tels que *bon, joli, propre* sont encore utilisés comme synonymes.

Dès 2 ans - 2 ans 1/2 l'enfant prend conscience de son rôle de locuteur et de la relation qu'il entretient avec son interlocuteur; à l'aide des noms de personne et des pronoms personnels, il inscrit cette relation dans des énoncés qu'il produit (Bonnet, 1983). Dès 3 ans, il prend conscience de ses intentions de locuteur qu'il mentionne explicitement dans ses commentaires:

Guillaume 2;0 à l'arrivée de sa tante s'écrie: - veux pas dire bonjour.

Jean-Paul 2;11 alors qu'on lui donne trop peu de fromage à son gré: - j'en veux pas alors, j'ai assez faim.

On lui fait remarquer qu'il faut dire *j'ai assez mangé*. Il sourit: - je veux pas dire: j'ai assez mangé, je dis: j'ai assez faim.

Chloé 2;11 alors qu'on lui demande comment parle Grégory, personnage d'un livre d'images qui parle anglais: - là je veux pas dire moi ça.

S. 3;0: S - c'est noir.

    X - non c'est gris.

    S - non, c'est blanc.

    X - tu te trompes.

    S - je veux me tromper.

S. 4;4: - Papa, je veux dire une phrase.

S. 6;0 appelle un livre *polar*, d'où une discussion: - si je veux, je l'appelle un polar.

Dès 3 ans 1/2 - 4 ans, il prend conscience de son identité de locuteur; il se réfère aux caractéristiques subjectives de sa propre activité linguistique en faisant état de ses sentiments, de ses compétences, de ses découvertes, de ses appréciations ou de ses prévisions de locuteur:

S. 3;0: - je sais dire une bêtise: mon cul (avec geste à l'appui).

Louis 3;6: son père essaie de lui faire répéter un phonème qui lui est étranger: - non c'est pas ça... je peux pas bien dire; je dirai plus tard.

Louis 3;7 à la cuisinière: - je sais deux langues, le français et l'allemand.

Valérie 3;9: - alors i va derrière, derrière comme le derrière elle est géniale cette phrase!

Jérémy 4;0 alors qu'il a construit un château fort:

    X - mets ça au sommet.

    J - c'est quoi, le sommet?

    X - c'est le haut.

    J - ça me plaît pas, sommet, je préfère dire: haut.

Valérie 4;4 alors qu'elle parle d'un ami allemand:

    V - avant je croyais qu'on disait: Allemanterre.

    X - comment?

    V - Allemanterre... Angleterre, Allemanterre.

Jérémy 4;4: - il dit: aie mon cul, aie mon cul, Guillaume, après je pense qu'il va dire: caca boudin.

Valérie 4;5 à la TV, émission *Les chiffres et les lettres*, le candidat trouve le mot *dorade*: - moi j'ai trouvé le mot dorable.

Valérie 4;6-5 taquine une amie allemande qui ne manie pas encore très bien le français, mais s'initie volontiers au vocabulaire des grossièretés : - quand je fais une co... co... co... j'sais pas pourquoi j'arrive pas à dire : cone... pardon, coquinerie.

Gabriel 5;9 : - c'est marrant : y a le poil, la poêle et les poils.

S. 5;11 : - moi aussi, ça m'arrivera d'oublier des mots quand je serai Mémé.

Comme l'enfant de moins de 6 ans semble n'exprimer que sa propre pensée de locuteur et ne s'intéresse qu'épisodiquement à celle d'autrui, nous avons préféré distinguer la nuance modale qu'il manifeste dans les exemples ci-dessus, du mode de l'expression intentionnelle défini par Granger. Il est en effet frappant de constater combien le jeune enfant est peu conscient et peu concerné par les croyances, les préférences, ou les sentiments de ses interlocuteurs. Seuls quelques enfants de plus de 4 ans 1/2 s'intéressent au fait de savoir si autrui possède, comme lui, telle ou telle connaissance linguistique dont il est particulièrement fier ou qu'il vient d'acquérir (savoir beaucoup d'allemand, savoir dire *mirage*, savoir qu'il y a deux *gourdes*...). Quant à Valérie, c'est seulement à partir de 4 1/2 - 5 ans qu'elle s'assure assez systématiquement que son entourage a bien compris ses plaisanteries, farces et jeux de mots. Ce n'est qu'à partir de 6 ans qu'une autre enfant, Valérie D., commente les préférences linguistiques d'un adulte :

- ma tata, elle aime bien les noms composés : Marie-Emilie... ou par exemple Nathalie-Marie.

Pourquoi l'enfant de moins de 6 ans s'intéresse-t-il si peu aux attitudes, préférences ou connaissances linguistiques d'autrui? Reste-t-il prisonnier de sa propre pensée de locuteur, la considérant comme la seule possible et l'attribuant à autrui par égocentrisme? Faute d'avoir pris conscience des caractéristiques subjectives de l'activité linguistique d'autrui, l'enfant n'a probablement encore qu'une conscience limitée des siennes propres.

5.3. Mode de l'expression conforme à la règle linguistique

L'enfant exprime par ce mode sa conscience que le langage est soumis à des règles de prononciation, de désignation, de bienséance. Il réunit des commentaires incluant des verbes exprimant des modalités déontiques tels que *falloir, devoir, pouvoir* (= avoir l'autorisation), *on dit* (dans le sens de *on doit dire, il faut dire*), des substantifs comme *gros mot, sale mot*, des adjectifs comme *pas beau, laid, pas vrai*, l'adverbe *bien/pas bien*, l'expression *comme il faut*.

Comme Piaget l'a montré, pour le jeune enfant : «La règle est considérée comme sacrée et intangible, d'origine adulte et d'essence éternelle; toute modification proposée apparaît à l'enfant comme une transgression.» (Piaget, 1978, p. 14). Pour lui, elle n'est nullement une réalité élaborée par la conscience mais est donnée telle quelle, toute faite, extérieurement à elle, révélée par l'adulte et imposée par lui. C'est à la lettre et non en esprit qu'elle doit être observée (Piaget, 1978, p. 83). Comme le jeune enfant tend à confondre lois physiques, règles logiques et règles sociales, ordre logique et ordre psychologique, comme les seuls impératifs qu'il conçoit sont d'ordre moral, toute règle constitue pour lui un devoir moral. Ainsi en va-t-il des normes de langage qui retiennent son attention et qu'il conçoit comme «moralement obligatoires».

Dans ses commentaires, il s'intéresse successivement aux quatre groupes de règles suivants:
1. Les règles qui définissent les circonstances d'utilisation du langage (quand il faut parler, appeler, demander), les règles de prononciation et de désignation les plus superficielles qui n'impliquent pas d'analyse. L'enfant y est sensible dès les premiers niveaux d'acquisition du langage et leur infraction peut faire l'objet de commentaire dès 2 ans 1/2 - 3 ans:

X 2;1 joue avec des poupées qui se salissent: - mais, mais, mais, faut demander pot.

Jacqueline 2;7 cherche sa pelle perdue et demande sérieusement: - est-ce qu'il faut l'appeler?

Charles 2;8 discute seul dans son lit: - du Visy; on dit: du Vichy.

Charles 3;6 à son père: - on ne dit pas: méchant, il faut dire: mèchant; c'est drôle, ça, méchant.

Perrine 4;0 raconte à propos de sa petite sœur: - elle dit: paghetti, et moi je lui dis qu'il faut dire: spaghetti.

Guillaume 3;11: - on ne dit pas: ouais, on dit: oui.

Jacqueline 5;9 alors que son père lui demande si on aurait pu appeler la Dent Blanche autrement: - non il faut chacune son nom.

Valérie D. 6;0 s'amuse à parler en se pinçant le nez: - des fois, j'arrive à parler juste, même en me pinçant le nez.

2. Les règles de politesse et de bienséance:

Dès 2 ans 1/2, l'enfant décèle différents niveaux de langue (gros mots, termes argotiques) et différents registres (formules de politesse, expressions tendres ou badines)[6]. Tous ces éléments apparaissent dans ses propos et enrichissent ses connaissances lexicales. Ils peuvent faire l'objet de commentaires dès 3 ans:

S. 2;11 dit *cul* puis commente: - ai dit un gros mot.

S. 3;0 à quelqu'un qui dit: on va casser la graine: - c'est pas beau de dire ça.

Jérémy 3;2 alors qu'on parle de gros mots, déclare: - moi je n'en dis pas, c'est pas beau. Rose (son ancienne gardienne) dit: bordel de merde et putain de con, et moi je dis: mince.

S. 3;3 à l'énoncé d'un adulte: tu es bien autoritaire: - ça ne se dit pas, c'est vilain.

Jérémy 4;0 à qui l'on a expliqué que ce n'était pas beau de répéter (dans le sens de rapporter), reprend son frère cadet qui redit ses paroles: - Papa a dit que c'est pas joli de répéter, Guillaume.

Gabriel 4;2: - à l'école, ils disent: à la queue leuleu. C'est pas beau.

S. 5;10 à propos de *cul*: - à l'école il faut dire: derrière.

3. La règle de véracité ou règle de ne pas mentir:

Dès 3 ans, l'enfant ment «à peu près comme il fabule ou comme il joue» (Piaget, 1978, p. 109). Son entourage tend alors à lui inculquer la règle de véracité. Celle-ci est assimilée par l'enfant à une règle de langage, simultanément règle d'adéquation à la réalité et règle de bienséance. Son infraction fait l'objet de commentaire dès 4 ans:

Mad 4;0: Ja - t'es toute pleine de boutons toi.
        Mad - non c'est pas vrai, c'est pas vrai.
        Ja - si c'est vrai.
        Mad - c'est pas vrai. C'est des blagues, ça... Maman, Ja dit des blagues.

Mad 4;0: Mad - Maman j'ai essuyé la vaisselle, tu sais.
        Ja - moi aussi.
        Mad - non c'est pas vrai.
        Ja - oui.
        Mad - non, t'as pas essuyé la vaisselle. C'est vilain de dire ça alors.
        Mère - peut-être que Ja se trompe: elle croit qu'elle l'a essuyée.
        Mad - non, non, elle l'a pas essuyée. C'est pas joli de dire ça. C'est seulement moi.

Comme Piaget l'a montré, un mensonge, pour un jeune enfant, est d'autant plus vilain qu'il est plus invraisemblable, d'autant plus grave que son contenu s'éloigne davantage de la réalité. Rappelons le fait, bien connu, de l'enfant qui trouve plus grave de dire que l'on a eu peur d'un chien gros comme un cheval que de dire qu'on a obtenu une bonne note à l'école: c'est que les chiens d'une telle taille n'existent pas, et personne ne pourrait croire le contraire, alors qu'il arrive qu'on obtienne de bonnes notes à l'école, si bien que la maman peut s'y laisser prendre. Comme l'entourage reproche à l'enfant aussi bien ses mensonges que ses gros mots et ses injures, il tend à assimiler les mensonges «faute morale que l'on commet au moyen du langage» (Piaget, 1978, p. 109) aux injures et aux gros mots. Tous ces phénomènes constituent ensemble la catégorie des «choses qu'on ne doit pas dire». Selon Piaget, cette assimilation indique combien la consigne de ne pas mentir reste extérieure à la conscience de l'enfant: «La règle de ne pas mentir, imposée par la contrainte adulte, lui paraîtra dès lors d'autant plus sacrée et exigera, à ses yeux, une interprétation d'autant plus "objective" qu'en fait elle ne correspond pas à un besoin réel et intérieur de son esprit.» (Piaget, 1978, p. 127).

Si l'entourage n'intervenait pas pour inculquer à l'enfant la règle de véracité, si ses mensonges n'étaient pas suivis de reproches et de représailles, ils seraient probablement conçus comme simples propos de fantaisie.

4. Quelques règles morphologiques (règles de morphologie flexionnelle, morphosyntaxiques, concernant la flexion verbale et nominale, règles de morphologie dérivationnelle, morpholexicales, concernant la formation des mots):

Comme nous l'avons vu précédemment, l'enfant à partir de 4 ans - 4 ans 1/2 commence à s'intéresser aux marques morphologiques ayant trait à la syntaxe (flexion) et à l'organisation du lexique (dérivation), et réussit à observer quelques-unes des règles qui lient les signes les uns aux autres. Les particularités de la formation des mots, les erreurs d'accord en genre et en nombre, la flexion verbale donnent alors lieu à des commentaires:

Charles 4;4: - est-ce qu'on dit: une gentisté?

Charles 4;4: - comment dit-on la femme d'un Hindou? une Hindoute?

Jérémy 4;5: - on dit: un cheval, deux chevaux.

Gabriel 4;1: sa mère introduit une faute et dit *celle-là* à propos d'un coing. Il rectifie: - on dit: celui-là.

Valérie D. 5;2: X - Ils peignent ces oiseaux, tu vois?
    V - Il faut dire: il(s) peint, pas il(s) peignent, il(s) peint.

Sébastien 6;0: - quand on dit: maigrichon, c'est un petit homme, quand on dit: maigrichonne, c'est une petite femme.

Toutes les règles qui retiennent l'attention de l'enfant dans ses commentaires sont très exactement celles qui définissent ses premiers jeux de langage. Ceux-ci semblent naître du respect absolu et impératif qu'il porte aux normes de prononciation, de désignation, de bienséance, de véracité. Lorsqu'il les transgresse, le petit enfant fait quelque chose d'autant plus scandaleux et audacieux que le respect qu'il leur voue est plus grand. Voici quelques exemples où il viole intentionnellement ces normes ou constate qu'on les viole par de fausses dénominations, de légères modifications des mots, un mélange des niveaux de langue, etc.:

Jean-Paul 1;9 rit longuement d'avoir déformé Paul en *Poul*; il ne cesse de le répéter.

Jean-Paul 1;9 répond *oui Madame* à sa mère, et rit.

Guillaume 2;0 a un très large sourire alors que son cousin Julien, son aîné, s'écrie: - on va au cul du loup.

Edmond 2;2: on lui enseigne à prononcer *compote* comme il convient; il plaisante et dit: - compette.

S. 2;5 s'amuse à confondre *fraise* et *cerise* et en rit.

Delphine 3;4 alors que son père lui souhaite *bon dodo,* riposte: - Bon dudu. Bon tutu; et rit aux éclats (dans le langage familial, un dudu = un yoghourt, le tutu = son sexe).

Valérie 3;7: on parle de pruneaux: - je veux un Bruno!

Charles 4;3 rit aux éclats lorsqu'on s'écrie à dessein devant lui: *le maman et la papa.*

Pour qui n'a aucune conscience de l'arbitraire de la langue et vénère les règles de langage qui lui sont imposées, jouer d'une mauvaise prononciation accidentelle, appeler un pruneau *Bruno* ou sa maman *Madame,* entendre un aîné dire un gros mot ou placer soi-même un *pipi* ou un *caca* est vraie liberté de langage, revendication d'une autonomie de parole, et par là même de sa propre autonomie.

5.4. Mode de l'expression de fantaisie

L'enfant exprime par ce mode sa conscience que le langage peut être fabulation, bêtise, plaisanterie ou secret, simple langage de fiction. Il lui permet de parler pour le plaisir de constater ce que donne tel rapprochement ou enchaînement, de faire des sortes d'«expériences pour voir» de nature linguistique. Les mensonges, lorsqu'on n'inculque pas à l'enfant la règle de ne pas mentir, sont vraisemblablement conçus comme des expériences de ce type. Ce mode comprend les commentaires qui présentent des verbes de modalité tels que *pouvoir* (= avoir la possibilité), *se moquer,* des groupes nominaux comme *plaisanterie, farce, bêtise, secret, n'importe quoi.* En voici des exemples:

Guillaume 3;9: - on dit pas: merde, on peut dire: ah, mets la lumière.

Valérie 3;8: on parle des mots vigoureux qu'utilisent les automobilistes à la moindre incartade: - tu peux dire: bonjour Monsieur salade, bonjour Monsieur carotte, bonjour Monsieur radis.

Jacqueline 3;9: - j'ai vu un cochon qui se lavait. C'est pas une farce. Je l'ai vu. Il faisait comme ça...

S. 4;3: - des fois, pour rire, on peut dire quelque chose de pas bien.

Jérémy 4;3: - tu veux que je te dise le secret de Pierre-Yves? I m'a dit que le pays des bonbons était très haut dans le ciel.

Seuls les commentaires de quelques enfants manifestent peut-être l'ébauche des modalités logiques. Ce sont les suivants:

Gabriel 3;9 : à propos d'une girafe jouet : - elle est plus grande que l'antilope. Pourquoi elle est pas à pile ? Comme ça elle pourrait dire : je veux manger.

Valérie 4;2 : nous marchons dans le jardin : - Y'a du côté du soleil et du côté de l'ombre on pourrait dire : du côté de Londres !

Valérie 4;2 avec M ont institué un code d'abréviations conventionnelles : le choc 1 = du chocolat, le choc 2 = des chocos (biscuits au chocolat). Elle discute avec sa sœur de ce qu'elles voudraient manger :

V - faudrait que je dise : du poisson 3 !
regarde M qui sort avec des bottes sales :

V - ...et deux bottes sales !

Valérie 4;6-5 ans : - et si tout s'appelait machin, ça serait pratique ?

Valérie 4;6-5 ans : V - I sont blancs, les Blanchon ?

    X - non, ils sont rouges, rouges et noirs, à rayures.

    V - tu penses que s'ils étaient rouges, on les appellerait les rougets ?

S. 6;0 : S - ça c'est une maison à chien.

    X - une niche.

    S (en colère) - eh beh, on peut dire une maison parce que c'est grand.

Dans ces commentaires, Valérie, Gabriel et S. expriment-ils déjà les catégories logiques du possible et du nécessaire ? D'un point de vue linguistique, ils ont recours à des moyens morphosyntaxiques qui n'apparaissent pas dans d'autres commentaires : le conditionnel, la conjonction *si... (alors)*. D'un point de vue psychologique, les seuls possibles qu'ils anticipent sont le prolongement direct, analogique du réel. On peut donc se demander s'ils distinguent possibilité logique et possibilité imaginative ou psychologique, ou plus généralement ce qu'ils imaginent de ce qu'ils déduisent. Quelle que soit l'interprétation que l'on choisisse, ces quelques commentaires mettent en évidence que le mode de l'expression de fantaisie préfigure l'expression des modalités au sens strict et parmi celles-ci essentiellement la catégorie du possible.

6. CONCLUSION : EVOLUTION DES COMMENTAIRES ET GENESE DES MODALITES CHEZ L'ENFANT

L'évolution des commentaires enfantins reflète évidemment celle des constructions qu'ils impliquent par définition. Les plus simples, liés aux premières citations directes, aux premières explications, aux constructions présentatives en *c'est*, à l'utilisation d'un lexique métalinguistique préconceptuel, portent d'une part sur les caractéristiques matérielles ou psychologiques des comportements linguistiques et sur les signes et leurs propriétés phoniques ou référentielles (appréciation ou qualification d'un comportement ou d'un signe, ressemblance phonique entre signes, relation globale d'un signe à son référent...); ils portent d'autre part sur les erreurs de prononciation ou de désignation commises par autrui, sur le mauvais choix qu'il peut faire d'un registre, sur la non-adéquation de ses propos au réel. Les commentaires les plus complexes et les plus riches sont liés aux citations indirectes, aux constructions présentatives en *vouloir dire,* à l'utilisation d'un lexique métalinguistique plus abondant, mieux organisé et de nature conceptuelle. Ils portent sur les propriétés lexicales, sémantiques ou morphologiques des signes (ressemblance sémantique ou morphologique, relations d'hyperonymie, de synonymie, séries flexionnelles...) ou sur les erreurs commises par autrui dans ces domaines.

Dès 3 ans - 3 ans 1/2, l'enfant qui distribue le langage sur différents plans de réalité exprime dans ses commentaires différentes nuances modales. Elles se distinguent des modalités logiques sur deux points :

1. Le premier concerne ce sur quoi elles portent :

Les modalités au sens strict affectent toujours d'un coefficient de réalité le contenu des propositions alors que la plupart des nuances modales exprimées par l'enfant dans notre corpus portent plutôt sur son attitude (sentiments, croyances, etc.) par rapport à cette proposition et, de façon plus large, par rapport à l'énonciation. Seuls les enfants les plus âgés semblent à l'occasion capables d'exprimer des modalités logiques.

2. Le second concerne les relations qu'elles entretiennent les unes avec les autres :

Le propre des modalités au sens strict est d'être organisées les unes par rapport aux autres et par rapport au réel. Les nuances modales exprimées par l'enfant n'impliquent quant à elles aucune organisation. Comme Piaget (1947) l'a souligné, l'enfant de moins de 6-7 ans n'établit aucune hiérarchisation entre les plans de réalité qu'il distingue; ceux sur lesquels il distribue le langage sont simplement juxtaposés, ils constituent des «réalités» hétérogènes, tour à tour aussi réelles les unes que les autres.

Si les modalités ne sont pas organisées, elles ne peuvent pas non plus se combiner. Ainsi, on n'observe aucune séquence impliquant plusieurs infinitifs (*il doit pouvoir dire*) ou plusieurs complétives (*j'aime que tu me dises que je suis gentil*). Si l'enfant de moins de 6 ans est capable, comme le montre entre autres la citation, d'une certaine extraction et manipulation des significations des énoncés, il ne peut exprimer ses propres attitudes face à elles. Cette limitation est d'ailleurs peut-être due, au moins partiellement, à des difficultés d'ordre linguistique dans le maniement de la subordination. Bien que la gamme des nuances modales exprimées par le jeune enfant soit, pour des raisons d'ordre sans doute différent, ainsi restreinte, on peut néanmoins y voir l'esquisse et la préfiguration des trois catégories définies par Granger.

Si la première, « le mode de l'expression métalinguistique », est abondamment représentée dans les propos de l'enfant dès 3 ans — notre corpus en est la preuve —, la deuxième, « le mode de l'expression intentionnelle », en voie de constitution entre 3 et 6 ans, est présente sous une forme incomplète puisque, outre les limitations que nous venons de rappeler, elle ne traduit guère que l'expression de la propre pensée de l'enfant. Quant à la troisième, qui regroupe les modalités au sens strict, elle n'est qu'esquissée: d'une part avec le mode de l'expression conforme à la règle linguistique, où la nécessité morale précède la nécessité logique, d'autre part avec le mode de l'expression de fantaisie, où le fictivement possible précède ce qui l'est logiquement. Cette genèse met en évidence que les trois catégories de modalités définies par Granger supposent des capacités linguistiques et cognitives variables: les modalités servant à commenter l'expression du dictum ou à le rapporter à une pensée sont, et de loin, plus faciles à acquérir que celles qui concernent le degré de consistance de son contenu. C'est le mode de l'expression métalinguistique qui est de tous le plus simple.

NOTES

[1] Des termes métalinguistiques comme *blague, plaisanterie, secret, se moquer,* etc., qui manifestent une nuance modale, n'ont pas été classés avec les termes métalinguistiques, mais avec les termes de modalités.
[2] Il s'agit de l'indication de la fréquence absolue de chaque terme. Un terme qui apparaît plusieurs fois dans une même observation n'a été pris en compte qu'une fois.
[3] Les fréquences citées à titre indicatif sont relatives aux exemples rapportés par Berthoud dans son ouvrage.

[4] I.e. les substantifs et les éléments qui peuvent avoir la même fonction, pronoms et groupes composés d'un substantif et d'un adjectif.

[5] Les commentaires impliquant cette valeur modale sont classés avec ceux qui manifestent le mode de l'expression catégorisatrice.

[6] Les niveaux de langue concernent les groupes linguistiques et sociaux. Ils impliquent toujours un jugement de valeur (langue soutenue, langue standard, parlers populaires, argots par exemple). Les registres concernent les individus et les usages du langage. Le discours de chacun varie ainsi selon l'objet du discours (langue scientifique ou technique), selon le medium utilisé (langue écrite ou langue orale), selon les situations et les relations sociales (formules de politesse, termes d'affection). Seul un petit nombre de ces niveaux et registres concernent évidemment l'enfant. Il faut remarquer que ces deux catégories ont parfois tendance à interférer (l'argot et les gros mots par exemple, qui concernent un groupe, sont également définis par une situation d'usage).

Conclusion

Dans les cinq chapitres précédents, nous nous sommes intéressées aux manifestations les plus spontanées de la connaissance et de la conscience linguistiques chez le jeune enfant, manifestations que nous avons analysées d'un point de vue génétique. Nous pouvons maintenant regrouper les résultats obtenus afin de parvenir à dégager des stades généraux de connaissance et de conscience du langage. Nous en distinguerons trois : le premier (2 ans à 3 ans), celui de la conscience de parler et de la connaissance du nom des choses, le deuxième (3 ans à 4 - 4 ans 1/2), celui de la conscience de ses intentions de locuteur et de la connaissance du signe comme objet référentiellement motivé, le troisième (4 - 4 1/2 à 6 ans), celui de la conscience de son identité de locuteur et de la connaissance des propriétés sémantiques et formelles des signes. Ces trois stades se définissent par des constructions spécifiques, associées à l'utilisation d'un certain lexique, et par la connaissance ou la conscience plus ou moins superficielle ou approfondie de sa propre activité linguistique ou des caractéristiques intrinsèques du langage.

Comme Piaget l'a montré (1974), dans tout processus de conceptualisation, prise de conscience de l'action et prise de connaissance de l'objet sont solidaires, liées l'une à l'autre, dépendantes l'une de l'autre, l'une représentant le pôle du sujet et l'autre celui de l'objet : à un niveau de prise de conscience de l'activité propre correspond toujours un niveau de prise de connaissance de l'objet. Les démarches cognitives orientées vers le pôle du sujet et le pôle de l'objet sont coordonnées, complémentaires: toute prise de conscience de l'action se prolonge en prise de connaissance de l'objet, et réciproquement. Ceci se vérifie pour chacun de nos stades où il sera toujours possible de mettre en parallèle un certain niveau de conscience de l'activité linguistique propre (conscience de parler, de ses intentions, de son identité de locuteur) et un niveau correspondant de connaissance du langage (connaissance des signes, de leurs propriétés...).

Stade 1: La conscience de parler et la connaissance du nom des choses

Le langage fournissant dès les premiers niveaux de son acquisition les moyens d'établir des renvois à lui-même (renvoi d'un signe à un autre signe, renvoi à la situation d'énonciation...), nous avons fait l'hypothèse que des formes élémentaires de conscience et de connaissance du langage devaient naître en même temps que lui, qu'elles étaient indispensables à son acquisition et solidaires de son évolution: comment un enfant pourrait-il acquérir et manier adéquatement pronoms personnels et noms propres sans avoir pris conscience de son rôle de locuteur et de la relation que l'on entretient avec son interlocuteur? Comment apprendre à parler sans chercher délibérément à apprendre le nom des choses?

Selon nos données, l'enfant parle de toutes sortes d'événements sonores dès 2 ans; dès 2 ans 1/2 il décrit plus précisément ses propres comportements linguistiques, généralement s'ils viennent juste d'avoir lieu et s'ils ont retenu l'attention d'un interlocuteur. Les constructions qu'il utilise alors impliquent l'utilisation d'un lexique ayant trait à la parole. Ce lexique est restreint; chez un même enfant, il ne comprend guère plus de deux ou trois termes: *dire* ou *faire*, fréquemment dans des locutions comme *dire merci, faire bonjour, dire adieu...*, et parfois *parler, appeler, raconter*, ou *téléphoner*, etc. Ceux-ci correspondent à des représentations sémantiques floues, concrètes, directement issues de l'expérience. Ils ne sont que préconcepts, l'enfant réunissant sous un même terme des événements sonores qu'il s'agisse d'émissions vocales humaines, d'émissions animales ou de bruits d'objets, en fonction d'une parenté sentie subjectivement.

La conscience naissante que l'enfant a du langage est corrélative de la connaissance qu'il a que les choses possèdent un nom. Les noms sont pour lui indissociables des choses qu'ils désignent; ils en sont une partie essentielle et servent autant à les définir, à les décrire qu'à les symboliser. Propriétés des choses qu'ils désignent, ils semblent ne posséder en propre aucune propriété et ne requérir aucune explication: ils se justifient par l'existence même des choses. L'enfant ne manifeste donc aucun besoin d'expliquer le langage mais seulement le désir de l'apprendre, c'est-à-dire d'apprendre le nom des choses. C'est évidemment à ce stade qu'apparaissent les premières questions de nom : *est ça?* [esa], *qu'est c'est ça?* [kesesa], *que c'est?* [kase], *est c'est ça?* [esesa], *sa s'appelle?* [sasapɛl] où l'on reconnaît toujours la présence d'un élément démonstratif et d'un élément interrogatif qui prend différentes formes (intonation, pronom interrogatif...).

Si, lorsqu'il se réfère à des événements sonores ou décrit sa propre activité de langage, l'enfant utilise simplement un lexique ayant trait à la parole sans avoir recours à une construction particulière, il n'en va pas de même lorsqu'il présente le nom des choses. Dans ce cas, il utilise trois constructions :

1) la première, élémentaire, la construction présentative en *ça : ça minou, du fromage ça, ça c'est une rine*, etc. où le poids de la présentation est porté par *ça; c'est* ne semble pas indispensable et *ça c'est* apparaît comme une variante.

2) la deuxième, un peu plus évoluée, la construction présentative en *c'est* où la présentation repose sur *c'est*, l'enfant étant capable d'utiliser la construction en l'absence de *ça : c'est aujourd'hui demain?; Jean-Paul, c'est Jean-Paul Malrieu; non c'est Maman, Mounette; cette dame, c'est une bergère; ce sont des ours et des lampes. C'est* devient alors décomposable et peut être fléchi; *c'* acquiert valeur anaphorique et valeur d'insistance, il permet d'établir des renvois inter- et intra-énoncés.

3) la troisième, la construction appellative qui à ce stade n'est qu'un cas particulier de présentation puisqu'elle comporte toujours un élément démonstratif : *comment ça s'appelle ça?; ça s'appelle?; ça s'appelle un bébé*, etc.

Comme chaque chose ne peut avoir qu'un nom pour l'enfant de ce stade, celui-ci refuse avec véhémence toute équivalence entre noms ou toute modification de ceux-ci. Ainsi Guillaume 2;2 riposte : *non Guillaume* lorsque sa cousine lui chante *Guillaumette, Guillaumette*, S. 2;1 rejette avec irritation le prénom de son père d'un *non papa*, Charles 2;3 se fait la leçon : *pas passon, poisson*. Sensible aux normes de prononciation et aux règles de désignation, l'enfant se corrige spontanément lui-même et corrige autrui; ces corrections ne s'accompagnent d'aucun commentaire.

Premières références au fait de parler et prise de conscience de soi comme locuteur, importance accordée à la connaissance du nom des choses confondue avec la connaissance des choses elles-mêmes, absence de tout besoin d'explication du langage, sensibilité à toute mauvaise prononciation et à toute erreur de désignation, sont les dominantes de ce premier stade. Il atteint son niveau d'achèvement lorsque l'enfant ne se contente plus de décrire ses comportements linguistiques ou des événements sonores mais s'oriente vers leur citation, lorsqu'il n'utilise plus les constructions présentatives pour présenter les choses par leur nom mais pour faire mention de ces derniers et s'orienter ainsi vers une dissociation des noms et des choses et vers l'ébauche du fonctionnement autonyme.

Stade 2: La conscience de ses intentions de locuteur et la connaissance du signe comme objet

Dès 3 - 3 ans 1/2 l'enfant prend conscience des signes comme d'objets distincts des choses qu'ils désignent et des propos où ils apparaissent. Il les extrait non seulement des vécus auxquels ils renvoient mais également du moment de leur énonciation et des éléments qui les accompagnent dans l'énoncé. Trois constructions autorisent cette extraction contextuelle et temporelle : les premières citations, des formes nouvelles de présentation, et les constructions appellatives maintenant libérées des éléments déictiques.

Les premières citations sont citation directe. Des comportements de différents locuteurs l'enfant extrait des propos de toutes sortes — exclamations, affirmations, jurons, termes d'adresse, locutions... — qu'il rapporte fidèlement dans leur contenu et dans leur forme en indiquant leur antériorité ou leur postériorité par rapport au moment où il parle, moment toujours choisi, à ce stade, comme point de repère temporel. Elles impliquent l'utilisation d'un verbe déclaratif, le plus souvent *dire*, mais aussi *appeler, raconter,* etc., et de morphèmes verbaux ou de formes verbales périphrastiques. Passé composé, présent, imparfait, plus-que-parfait, futur périphrastique, futur en *r* permettent d'établir le renvoi des propos cités au présent, au passé ou au futur.

Les constructions présentatives apparaissent sous des formes nouvelles — *c'est quoi?, c'est pour, c'est quand...* — liées à l'établissement d'un nouveau type de renvoi : le renvoi du signe à lui-même ou renvoi autonymique. Dans le cadre de ces constructions, adjectifs, verbes et adverbes fonctionnent pour la première fois comme des signes autonymes, c'est-à-dire comme des signes en mention et non en usage, où le renvoi du signe à lui-même est premier. C'est lui et non son référent qui est dorénavant l'objet de la présentation ou de l'interrogation de l'enfant. Ce renvoi du signe à lui-même est global, d'un seul tenant, il n'implique aucune dissociation entre les deux faces du signe, signifiant et signifié, qui restent indifférenciées.

Tous les signes peuvent-ils chez l'enfant s'enrichir de cette relation à eux-mêmes? Il est difficile de répondre à cette question. Dans le cadre des constructions présentatives, on ne peut en effet décider si les substantifs sont en mention ou en usage: ils apparaissent toujours accompagnés d'un déterminant, alors que le propre du signe autonyme, lorsqu'il s'agit d'un substantif, est en principe de ne pas en comporter.

C'est dans les constructions appellatives que l'on rencontre pour la première fois des substantifs sans déterminant. Mais il est probable qu'ils ont alors statut de nom propre. A ce niveau, les constructions appellatives semblent en effet liées de manière fondamentale à cette catégorie.

Les substantifs, dans la mesure où ils renvoient à des référents prégnants perceptivement (objet, personne, animal...) sont-ils plus difficiles à abstraire que les adjectifs, les verbes, les adverbes qui renvoient nécessairement à des référents moins évidents, plus diffus, moins isolables et plus abstraits (action, qualité...)? Les substantifs entraînent-ils chez l'adulte comme chez l'enfant, une stratégie particulière de présentation: la meilleure façon de les présenter n'est-elle pas de décrire ou de définir leur référent s'il s'agit d'objets du monde, bien délimités et observables? La connaissance que l'enfant a des signes varie donc peut-être selon les parties du discours impliquées, et il est possible que les substantifs aient un statut un peu particulier. Ce sont de plus les seuls signes que le jeune enfant cherche à expliquer.

A l'époque où apparaissent les premières citations et les premières mentions, l'enfant manifeste pour la première fois le besoin d'expliquer et de comprendre les relations que les signes entretiennent avec leur référent et les relations qu'il entretient lui-même avec les signes. Il cherche à motiver ces deux types de relations. Pour lui, il existe un lien entre les signes et les choses qu'ils désignent: *ça s'appelle Roquevaire parce qu'il y a des rochers et qu'ils sont verts* (Guénaële 4;1); *pourquoi ça s'appelle les halles?... ah je sais i vendent des lampes de hall* (Valérie 3;4); à propos du savon Palmolive: *pourquoi, il est plein d'olives?* (Valérie 3;1). *Roquevaire, Palmolive, halles* sont conçus comme des signes transparents, qui reflètent les propriétés, les parties, les attributs ou le lieu de la chose qu'ils désignent. La relation qu'ils ont avec elle est motivée. Cette motivation n'est pas sémantique, mais référentielle. On ne saurait déjà parler de motivation sémantique puisque pour l'enfant de ce stade un signe est un tout qui n'implique aucune dissociation entre aspect formel et signification. Le réalisme nominal tel que Piaget l'a écrit correspond à ce stade où l'enfant ne s'intéresse aux signes que globalement dans leur relation au réel et où il n'isole encore ni leurs propriétés sémantiques, ni leurs propriétés formelles.

Des études expérimentales (Hakes, 1980) ont montré que l'enfant de 3-4 ans était incapable de juger de l'acceptabilité ou de l'inacceptabilité d'une phrase sur la base de ses propriétés sémantiques ou formelles; pour lui une phrase est acceptable lorsqu'elle décrit quelque chose qui fait partie de son univers, inacceptable lorsqu'elle fait référence à quelque chose qui n'en fait pas partie. C'est en fonction des propriétés référentielles des phrases qu'il juge de leur acceptabilité ou inacceptabilité. De même, comme nous l'avons rappelé, les mensonges, assimilés avec les gros mots et les injures aux «choses que l'on ne doit pas dire» sont d'autant plus vilains qu'ils sont plus invraisemblables, c'est-à-dire qu'ils sont moins susceptibles de correspondre à un quelconque référent.

Dans ses premières explications, l'enfant explicite non seulement sa connaissance de certains signes comme référentiellement motivés, mais également la conscience de ses propres intentions de locuteur: ce qu'il a l'intention de dire, pourquoi il le dit, et pourquoi il choisit tel ou tel signe. Connaissance du signe comme objet motivé et conscience de ses intentions de locuteur vont donc de pair et reflètent chez l'enfant une même attitude précausale: le langage, en tant qu'objet ou en tant qu'activité, est conçu comme motivé, raisonnable, pénétré d'intentions et de finalité.

Premières extractions de signes quelconques, ébauche du fonctionnement autonyme pour toutes les parties du discours à l'exception peut-être des substantifs, motivation des relations que le locuteur entretient avec les signes et que les signes entretiennent avec les choses, sont les dominantes de ce deuxième stade. Il atteint son niveau d'achèvement et de préparation du stade suivant lorsque l'enfant commence d'une part à s'intéresser aux relations que les signes entretiennent les uns avec les autres, d'autre part à dissocier les deux faces du signe qu'il conçoit alors comme doté de propriétés.

Stade 3: La conscience de son identité de locuteur et la connaissance des deux faces du signe, de ses propriétés sémantiques et formelles

Dès 4 - 4 ans 1/2 l'enfant progresse dans son analyse du langage: il s'intéresse aux signes plus précisément, les met en relation les uns avec les autres à l'intérieur de séries véritablement linguistiques et découvre la possibilité de les segmenter. Pour la première fois il réussit à isoler quelqu'unes de leurs propriétés. Quoique l'enfant utilise dès 2 ans des termes métalinguistiques tels que *dire, parler,* quoique dès 3 ans il soit capable d'utiliser certains signes dans leur fonctionnement autonyme, nous avons proposé de ne parler de connaissance métalinguistique qu'à partir de ce stade et de choisir comme critère de celle-ci le fait de dissocier dans un signe son aspect formel et sa signification, de segmenter les signes en fonction des rapprochements linguistiques opérés et de distinguer leurs caractéristiques linguistiques des caractéristiques individuelles et psychologiques de leur utilisation.

Comme en témoignent les explications de l'enfant, les propriétés sémantiques et formelles des signes deviennent objet d'une réflexion explicite. A dire vrai, seuls quelques faits de morphosémantique, de morphosyntaxe et de lexique retiennent son intérêt: sens d'un affixe dérivationnel, flexion en genre et en nombre, relation de synonymie ou d'hyperonymie... La plupart de ces faits supposent un découpage des signes en morphèmes ou en syllabes. Si l'enfant sait, dès 3 ans, opérer un certain découpage des signes, s'il sait isoler dans *Roquevaire* ou *Palmolive, roc, vert,* et *olive,* c'est parce que ces derniers reflètent les caractéristiques des objets que les premiers désignent. De telles reconnaissances opérées en fonction des propriétés des référents n'ont pas de valeur linguistique. Par contre, dès ce stade, l'enfant sait segmenter un signe en fonction des rapprochements linguistiques qu'il opère. Pour la première fois il parvient à identifier les syllabes ou les morphèmes pertinents dans le système.

Dans le cadre de deux constructions, les citations indirectes et une nouvelle stratégie de présentation, les propriétés sémantiques des signes sont l'objet d'une analyse et de manipulations spécifiques.

Avec les constructions présentatives en *vouloir dire,* l'enfant se réfère désormais explicitement à la signification des signes. Dans le meilleur des cas, lorsqu'il présente le sens d'un signe, il introduit deux signes autonymes, l'un sujet de *vouloir dire,* l'autre complément: il met en correspondance dans un même énoncé la signification de l'un avec celle de l'autre. Lorsqu'il interroge simplement sur le sens d'un signe, et c'est le cas le plus fréquent, l'enfant n'introduit qu'un signe autonyme toujours sujet.

Avec les citations indirectes, l'enfant rapporte une information sémantique sous une forme différente de celle qui était à l'origine ou pourrait être dans le futur celle des propos cités: leur contenu est conservé, leur forme transposée. Cette modification implique des transpositions de pronoms, de modes et de temps, ainsi que l'utilisation de conjonctions de subordination. La plupart des subordonnées relevées chez l'enfant sont des complétives déclaratives introduites par *que*. Les transpositions de pronoms sont d'emblée parfaitement maîtrisées, ce qui conduit à s'interroger sur leur réalité psychologique. Les transpositions de modes qui aboutissent à un infinitif sont acquises, tandis que celles qui aboutissent à un subjonctif ne le sont que partiellement. Enfin, pour les transpositions de temps, celles qui conduisent à un imparfait ou à un plus-que-parfait sont maîtrisées, alors que celles qui entraînent un conditionnel le sont mal.

L'enfant sait désormais indiquer l'antériorité ou la postériorité des propos qu'il cite par rapport à un moment différent de celui où il parle, n'importe quel événement pouvant être choisi comme point de référence temporel. Dans ses commentaires, il cherche parfois à indiquer leur virtualité : il utilise alors le conditionnel à valeur modale, des auxiliaires modaux, la conjonction *si*. Toutefois, dans le cadre des explications, des citations ou des présentations de ce stade, la référence aux propriétés sémantiques des signes n'est qu'esquissée. Pour l'enfant de moins de 6 ans, l'observation, l'extraction, la conservation et la manipulation des significations restent difficiles. Différentes données de la littérature viennent le confirmer. Des travaux expérimentaux ont montré que l'enfant avant 6-7 ans était incapable de juger de la synonymie de deux énoncés (Hakes, 1980). Faute de pouvoir mettre en correspondance le contenu de deux énoncés pour les comparer, il n'a pas encore l'aptitude à traiter à la fois leur ressemblance sémantique **et** leur différence formelle.

D'autres travaux rapportés dans Bramaud du Boucheron (1981, p. 271) montrent que des enfants de 6 ans, confrontés à des phrases ambiguës, qu'il s'agisse d'ambiguïtés lexicales, sémantiques..., n'en détectent pratiquement aucune, ceci même lorsqu'on leur demande très explicitement si les phrases en question n'ont pas d'autre sens que celui qu'ils ont trouvé. Nos propres données sur les métaphores nous ont appris qu'avant 6-7 ans l'enfant ne les comprend pas (Bonnet-Tamine, 1982b). Un enfant de 6 ans est incapable de comprendre l'énoncé métaphorique « ce bébé est tout miel », faute de savoir dégager simultanément dans *bébé* et dans *miel* les traits sémantiques qui fondent la ressemblance ou assurent la différence pouvant exister entre un bébé et du miel. Les travaux sur les jeux de mots de l'enfant (Aimard, 1975) mettent en évidence que ceux qui sont liés aux propriétés sémantiques des signes sont rares avant 5 ans, et qu'ils n'impliquent jamais plus de quelques signes. Dans une tâche de définition du terme *mot* (Berthoud, 1980), ce n'est qu'à partir de 7 ans que certains enfants mentionnent qu'un mot a la propriété de signifier. Rappelons enfin que si l'enfant exprime parfois dans ses commentaires explicites sur le langage des nuances modales par rapport à la signification d'un signe, il n'en exprime jamais aucune par rapport à celle d'une proposition.

L'apparition des citations indirectes, une nouvelle stratégie de présentation, l'enrichissement des explications, un début d'analyse des propriétés sémantiques et formelles des signes ne seraient pas possibles sans l'évolution et un enrichissement concomitant des connaissances lexicales. Rappelons l'acquisition de *vouloir dire* dans le sens de signifier, celle de *demander* pour s'enquérir d'une information, ou encore la distinction entre *mot* et *lettre*. L'enfant de ce stade, qui peut interroger explicitement sur le sens des signes, utilise un lexique métalinguistique et un lexique de termes de modalité mieux organisés et plus précis. Dans la mesure où le champ lexical des verbes de parole, des termes grammaticaux, des auxiliaires modaux s'organise, où chaque terme se définit par les relations d'opposition ou d'inclusion qu'il entretient avec un ou plusieurs autres termes, ils tendent à devenir de véritables concepts.

Si l'enfant progresse dans sa connaissance des signes et du système linguistique, il progresse également, corrélativement, dans la conscience de ses propres caractéristiques de locuteur. C'est dans ses commentaires qu'il manifeste la conscience de son identité en exprimant différentes attitudes normatives et affectives à l'égard de ses propres compétences, des langues étrangères, des enchaînements ou des rapprochements de fantaisie que suscite la langue, des erreurs commises par autrui. Connaissance des propriétés des signes et conscience de ses caractéristiques subjectives de locuteur reflètent un même souci d'analyse, un même besoin de compréhension des aspects moins évidents, plus cachés du langage et l'amorce d'une distinction entre ordre psychologique et ordre linguistique, intentionnalité psychologique et nécessité ou arbitraire linguistique.

Première analyse des caractéristiques intrinsèques des signes et de sa propre pratique linguistique, ébauche d'une distinction entre caractéristiques psychologiques de sa propre activité linguistique et caractéristiques linguistiques des signes, première segmentation des signes en morphèmes et syllabes linguistiquement pertinente, capacité naissante de dégager des invariants sémantiques et de manipuler des significations, sont les dominantes de ce troisième stade.

Nul doute que des stades ultérieurs ne puissent être dégagés. Il est en effet frappant que les interrogations et les commentaires de l'enfant s'arrêtent au signe. La citation où c'est parfois un syntagme ou toute une proposition qui se trouvent extraits, est la seule construction qui mette en évidence une dimension supérieure à lui. Mais elle ne fait pas apparaître de réflexion sur des unités plus vastes. Avant 6 ans ce n'est que par le biais du genre et du nombre que la syntaxe — et encore est-ce de la morphosyntaxe — peut faire l'objet de l'intérêt de l'enfant. Des observations ultérieures à 6 ans devraient permettre de définir au moins deux stades: celui durant lequel l'enfant prend conscience des nombreuses propriétés syntaxiques de la langue et celui au cours duquel il peut analyser la dimension figurée du langage. C'est probablement entre 6-7 ans et 11-12 ans, grâce au support de la langue écrite qui rend possible l'analyse d'unités plus larges que le signe, que les propriétés syntaxiques deviennent objet des préoccupations de l'enfant. Il est vraisemblable que ce n'est qu'entre 12 et 15 ans que progressent la conscience que le langage peut être utilisé de manière figurée et la capacité d'expliquer et non plus seulement de paraphraser les énoncés métaphoriques et les proverbes.

Ce qui constitue à nos yeux l'intérêt principal des stades que nous avons dégagés, c'est qu'ils nous ont permis de montrer que les progrès dans la pratique linguistique de l'enfant étaient indissociables de ses progrès dans la connaissance et la conscience des signes: dès les premières périodes d'acquisition ils apparaissent solidaires. Ce constat, important du point de vue psychologique, l'est tout autant du point de vue de la théorie linguistique. Nous avions en introduction provisoirement adopté comme point de vue de ne pas parler de métalangage, celui-ci nous semblant difficile à isoler dans la langue naturelle. Au terme de nos analyses, nous nous sommes trouvées confortées dans notre attitude. Nous récapitulerons donc ici les principaux arguments, outre celui que nous venons rappeler, sur lesquels s'appuie notre position.

On sait que la langue naturelle, et c'est une de ses propriétés définitoires, peut servir de métalangage à toutes les langues artificielles logique, mathématique, etc. A cet égard, la langue de la grammaire se trouverait vis-à-vis de la langue naturelle dans la même situation que celle-ci vis-à-vis des autres langages symboliques. Certes, elle utilise la même syntaxe que la langue naturelle, mais le lexique lui est spécifique et constitue un ensemble de symboles dotés chacun d'une signification bien délimitée et qui ne présentent pas le flou ordinairement attaché à celle des termes de la langue naturelle. Beaucoup de ces termes peuvent être formellement identiques à des mots de la langue naturelle, mais l'important est leur différence de statut. A la limite, les termes de la langue grammaticale pourraient être remplacés par des symboles entièrement arbitraires, et c'est bien ce qu'ont essayé de faire certains grammairiens et linguistes, tels que les glossématiciens. La langue grammaticale constitue sans doute bien un métalangage, mais c'est un métalangage distinct théoriquement de la langue naturelle, même si pratiquement, il lui arrive de se confondre avec elle. La langue naturelle, elle, permet le renvoi des signes à eux-mêmes, du langage à lui-même : c'est la propriété dite de réflexivité, une des propriétés, comme le fait de mentir ou de rendre possible le sens figuré, qui isolent la langue naturelle des autres systèmes de signes. L'important est que ce fonctionnement ne suppose pas une utilisation particulière de la langue naturelle, qui serait repérable à certaines caractéristiques spécifiques. Sur le plan du lexique tout d'abord, rappelons que les termes employés sont souvent susceptibles d'une utilisation qui n'implique pas de réflexivité. Qu'il s'agisse d'emplois seconds, figurés, ne change rien à la chose, puisque ces emplois sont aussi codés et lexicalisés que les premiers :

Il me dit : à demain.
Cela ne me dit rien.
Qu'est-ce que ce mot veut dire ?
Qu'est-ce que ce tapage veut dire ?

Sur le plan de la morphosyntaxe, ensuite, c'est généralement la syntaxe ordinaire qui est employée, sauf lorsque apparaît le fonctionnement autonyme qui permet entre autres à tout signe de figurer comme sujet dans une phrase quelconque, avec un prédicat indiquant ou non que l'on parle du langage :

Ding ding dong est une onomatopée.
Ding ding dong fait rire ce bébé.

Or même dans ce cas privilégié, mais non général, l'autonyme n'est pas toujours clairement repérable ni interprétable. Certains auteurs ont soutenu que le signe autonyme était un nom propre de signe : rien d'étonnant alors à ce que n'importe quel signe, appartenant à n'importe quelle partie du discours, puisse être utilisé comme sujet. Rien en effet, ni sur le plan phonétique, ni sur le plan morphologique ne permet de caractériser les noms propres, tout signe pouvant en constituer un. Et de fait, les substantifs en mention perdent leur déterminant. Nous ne nous prononcerons pas sur le fait de savoir si les signes autonymes sont ou non des noms propres. Bornons-nous à signaler que l'autonymie n'est pas toujours facile à déterminer. Qu'en serait-il des langues où le substantif peut s'employer sans article, comme l'anglais ? Elle y est sans doute encore moins repérable qu'en français. Puisqu'un métalangage naturel ne saurait à coup sûr et toujours être identifié dans la langue naturelle, et puisque c'est au contraire une propriété définitoire de celle-ci que de pouvoir parler d'elle-même, autant faire l'économie de cette notion, qui de surcroît présente le risque de laisser entendre que la réflexivité du langage est un phénomène marginal dans la langue, alors qu'elle en est une des propriétés essentielles.

Lorsque l'enfant centre son attention sur les signes et les utilise de façon à ce qu'ils renvoient à eux-mêmes, plusieurs autres points intéressant la théorie linguistique sont apparus. Nous ne reviendrons pas sur la distinction entre noms propres et autonymes sinon pour rappeler que ce sont les substantifs qui semblent poser le problème majeur.

Quel que soit l'âge des enfants observés, et alors même que l'autonymie semble être maîtrisée pour les autres parties du discours, elle semble l'être très mal et très fugacement pour les substantifs. Nous avons essayé d'en proposer une explication, liée aux difficultés psychologiques d'abstraction qu'ils présentent, et que n'offrent ni les verbes ni les adjectifs puisqu'ils sont l'expression d'une propriété ou d'une relation nécessairement abstraite de son support. Il nous importe de souligner ici que, quelles que puissent en être les causes, il existe donc, en français, une disparité entre les substantifs et les autres parties du discours. Cette constatation devrait être vérifiée à partir de l'observation de locuteurs plus âgés. Comme nous l'avons souligné en introduction, on dispose de très peu de propos oraux spontanés d'adultes sur le langage. Il faudrait prolonger le type d'enquête que nous avons menée par des observations recueillies auprès d'adultes, pour voir si ce qui apparaît chez l'enfant lui est propre ou a une portée plus grande. De même conviendrait-il de s'intéresser à l'autonymie dans d'autres langues et en particulier dans celles où la distinction entre parties du discours, ou du moins entre substantifs et verbes ou adjectifs n'est pas inscrite au niveau du lexique qui ne comporte que des formes indifférenciées, mais se détermine seulement en contexte. S'il s'avérait que là aussi les substantifs, ou ce qui est substantif en contexte, a un fonctionnement spécifique eu égard à l'autonymie, alors ce serait un argument en faveur de la distinction entre parties du discours, distinction qui remonte à l'Antiquité, et qui a été depuis plusieurs fois contestée (*Travaux du Cercle Linguistique d'Aix-en-Provence*, 1983).

Ce n'est pas le seul point sur lequel notre travail peut permettre de renouveler la discussion linguistique ou d'apporter des arguments en faveur de telle ou telle thèse. Citons également la définition des modalités évoquées dans le chapitre sur les commentaires. Si nous avons préféré ne pas suivre celle des linguistes contemporains qui s'inspirent largement de la logique, et si nous avons choisi de renouer avec celle des grammairiens traditionnels comme Brunot, c'est d'abord pour des raisons purement linguistiques: la polysémie des termes du lexique qui rend très difficile et parfois même impossible l'attribution d'une valeur précise à un élément modal. Mais c'est aussi pour des raisons externes à la linguistique elle-même, les propos spontanés de l'enfant nous ayant montré que les modalités logiques ne sont qu'une catégorie de modalités à côté des modalités intentionnelles et des modalités métalinguistiques.

C'est dans le même esprit que nous avons abordé les relations entre discours direct et indirect présentés dans le chapitre sur la citation. Nos observations en effet laissent supposer que dès qu'il apparaît, le discours indirect implique la maîtrise de pratiquement tous les emplois de pronoms et même de ceux qui, lorsqu'on les dérive d'autres pronoms attestés dans le discours direct, apparaissent comme très complexes. Or ces emplois ne sont précisément complexes qu'au regard de transpositions et, pour peu qu'on les rapporte directement au *Je* de l'énonciation, ils sont tout aussi simples que le jeu des pronoms dans le discours direct. Sans doute les transformations linguistiques ne sont-elles pas fondées psychologiquement, et il doit être bien clair qu'elles n'ont de détermination qu'interne à la théorie, laquelle a pour but d'être la plus précise et la plus économique possible. Si la transformation d'un discours direct en discours indirect se laissait décrire par un ensemble de règles simples et cohérentes, aboutissant à une interprétation quelconque, il n'y aurait peut-être pas lieu d'examiner leur validité psychologique. Mais c'est loin d'être le cas, ne serait-ce que parce que toutes les citations directes ne peuvent être transposées, le cas des citations en langue étrangère en étant la meilleure illustration, et parce qu'inversement, tous les verbes introducteurs n'admettent pas indifféremment l'une et l'autre constructions. Une transformation soumise à tant de restrictions linguistiques est déjà critiquable. Que de plus, elle soit en contradiction avec les données psychologiques devrait être une raison supplémentaire pour y renoncer.

Ces différents résultats n'auraient pu être obtenus sans une double option, méthodologique et théorique. Collecte de données nouvelles sur les propos spontanés des enfants, caractérisation psychologique et linguistique et histoire de ces énoncés, connaissance et conscience enfantines du langage, inventaire raisonné d'unités linguistiques complexes plus larges que le signe, ont été rendus possibles grâce à un point de vue et un concept unificateurs. Il s'agit de la notion de renvoi selon laquelle peuvent être décrites précisément toutes les caractéristiques du signe et les relations dans lesquelles il est impliqué. C'est donc bien toute une théorie du signe qui donne une portée originale à ce travail.

Bibliographie

AIMARD, P., 1975. *Les jeux de mots de l'enfant,* Villeurbanne, Simep-Edition.
AUSTIN, J.L., 1970. *Quand dire, c'est faire,* Paris, Le Seuil.
BANFIELD, A., 1973. Le style narratif et la grammaire des discours direct et indirect, in *La critique générative, collectif Change,* n° 16-17, Paris, Seghers-Laffont.
BATES, E., 1976. *Language and Context: The Acquisition of Pragmatics,* New York, Academic Press.
BERTHOUD-PAPANDROPOULOU, I., 1980. *La réflexion métalinguistique chez l'enfant,* thèse de doctorat, Université de Genève.
BONNET, C., 1983. L'utilisation des noms de personne et l'apparition du nom propre chez le jeune enfant, *Revue suisse de psychologie pure et appliquée,* n° 2-3, septembre.
BONNET, C., TAMINE, J., 1982a. Les noms construits par les enfants; description d'un corpus, *Langages,* n° 66.
BONNET, C., TAMINE, J., 1982b. La compréhension des métaphores chez l'enfant; une hypothèse et quelques implications pédagogiques, *L'information grammaticale,* n° 14, juin.
BONNET, C., TAMINE, J., 1983. Names Constructed by Children: Description and Symbolic Representation of the Data, *Archives de Psychologie,* n° 51.
BORILLO, A., SOUBLIN, F., TAMINE, J., 1974. *Exercices de syntaxe transformationnelle du français,* Paris, Colin.
BRAMAUD DU BOUCHERON, G., 1981. *La mémoire sémantique chez l'enfant,* Paris, PUF.
BRONCKART, J.P., 1976. *Genèse et organisation des formes verbales chez l'enfant, de l'aspect au temps,* Bruxelles, Dessart et Mardaga.
BRUNOT, F., 1936. *La pensée et la langue,* Paris, Masson.
CHAMBAZ, M., LEROY, C., MESSEANT, G., 1975. Les «petits mots» de coordination: étude diachronique de leur apparition chez quatre enfants entre trois et quatre ans, *Langue Française,* n° 27.
CHANDELIER, C., 1983. *Constructions verbales et construction mentale chez une fillette entre 30 et 33 mois,* maîtrise de Lettres modernes, Université de Provence, juin.

CLARK, E.V., HECHT, B.F., 1982. Learning to Coin Agent and Instrument Nouns, *Cognition*, n° 12.
CLARK, E.V., 1982. Acquisition of Romance, with Special Reference to French, in Slobin D.I. (ed.), *The Crosslinguistic Study of Language Acquisition*, Hillsdale, NJ: Lawrence Erlbaum Associates.
COYAUD, M., 1967. Le problème des grammaires du langage enfantin, *La Linguistique*, n° 2.
COYAUD, M., SABEAU-JOUANNET, E., 1970: Analyse syntaxique de corpus enfantins, *La Linguistique*, n° 2.
CROMER, R., 1968. *The Development of Temporal Reference during the Acquisition of Language*, thèse, Harvard University (polycopiée).
DRLAV, 1978. Autour du discours rapporté, n° 17.
DECROLY, O., DEGAND, J., 1913. Développement de la notion du temps chez une petite fille de la naissance à cinq ans et demie, *Archives de psychologie*, T. XIII, n° 50.
DUBOIS, J., 1962. *Etude sur la dérivation suffixale en français moderne et contemporain*, Larousse, Paris.
ERVIN, S.M., FOSTER, G., 1960. The Development of Meaning in Children's Descriptive Terms, *Journal of Abnormal and Social Psychology*, 61.
FABRE, C., 1982. Dans la poubelle de la classe: subjectivité et jeux de langage, *La Linguistique*, vol. 18, Fasc. 2.
FERREIRO, E., 1971. *Les relations temporelles dans le langage de l'enfant*, Genève, Droz.
FONDET, C., 1979. *Un enfant apprend à parler: Récit et analyses d'un apprentissage de la langue maternelle, de la naissance à 6 ans*, Dijon, Les Presses de l'Imprimerie Universitaire.
FRANÇOIS, D., 1977. Du pré-signe au signe, in *La syntaxe de l'enfant avant cinq ans*, Paris, Larousse.
GARDIN, J.C., 1974. *Les analyses du discours*, Neuchâtel et Paris, Delachaux et Niestlé.
GARDIN, J.C., 1981: Vers une épistémologie pratique, in *La Logique du plausible*, Paris, Editions de la Maison des Sciences de l'Homme.
GENDRIN, J., 1973. Quelques observations sur l'apprentissage linguistique chez une fillette suivie entre 3;0 et 4;0, *Etudes de linguistique appliquée*, n° 9.
GRANGER, G.G., 1979. *Langage et épistémologie*, Paris, Klincksieck.
GRANGER, G.G., 1982. A quoi servent les noms propres? *Langages*, n° 66.
GREGOIRE, A., 1937, 1947. *L'apprentissage du langage*, Liège, Bibliothèque de la Faculté de Philosophie et Lettres de l'Université de Liège.
GREENFIELD, P., SMITH, J.H., 1976. *The Structure of Communication in Early Language Development*, New York, Academic Press.
GREVISSE, G., 1969. *Le bon usage*, Gembloux, Duculot.
GROSS, M., 1975. *Méthodes en syntaxe, régime des constructions complétives*, Paris, Larousse.
HAKES, D.T., 1980. *The Development of Metalinguistic Abilities in Children*, Berlin, Springer Verlag.
HIRSH-PASEK, K., GLEITMAN, L.R., GLEITMAN, H., 1978. What Does the Brain Say to the Mind? A Study of the Detection and Report of Ambiguity by Young Children, in *The Child's Conception of Language*, Sinclair, A., Jarvella, W.R.J., Levelt, W.J. (eds), Berlin, Springer Verlag.
HUDELOT, C., 1980. Organisation linguistique d'échanges verbaux chez des enfants de maternelle, *Langages*, n° 59.
KALINOWSKI, G., 1976. Un aperçu élémentaire des modalités déontiques, *Langages*, n° 43.

KARMILOFF-SMITH, A., 1979. *A Functional Approach to Child Language; a Study of Determiners and Reference*, Cambridge University Press.
LABOV, W. et T., 1977. L'apprentissage de la syntaxe des interrogations, *Langue française*, n° 34.
LENTIN, L., 1971. Recherche sur l'acquisition des structures linguistiques chez l'enfant entre trois et sept ans, *Etudes de linguistique appliquée*, n° 4.
LENTIN, L., 1973a. Interaction adultes-enfants au cours de l'acquisition du langage, *Etudes de linguistique appliquée*, n° 9.
LENTIN, L., 1973b. *Apprendre à parler à l'enfant de moins de six ans*, Paris, Les Editions ESF.
LYONS, J., 1970. *Linguistique générale, introduction à la linguistique théorique*, Paris, Larousse.
MALRIEU, P., 1967. *Les émotions et la personnalité de l'enfant*, Paris, Vrin.
MALRIEU, P., 1972-1973. L'expression verbale de la temporalité avant quatre ans, *Bulletin de psychologie*, T. XXVI, 304.
NEF, F., 1976. De dicto, de re, formule de Barcan et sémantique des mondes possibles, *Langages*, n° 43.
OLERON, P., 1976. L'acquisition du langage, in *Traité de psychologie de l'enfant*, n° 6, H. Gratiot-Alphandery, R. Zazzo (eds), Paris, PUF.
OLERON, P., 1979. *L'enfant et l'acquisition du langage*, Paris, PUF.
PIAGET, J., 1945. *La formation du symbole chez l'enfant*, Neuchâtel et Paris, Delachaux et Niestlé.
PIAGET, J., 1947. *Le jugement et le raisonnement chez l'enfant*, Neuchâtel et Paris, Delachaux et Niestlé.
PIAGET, J., 1950. *Introduction à l'épistémologie génétique*, Tome II: *La pensée physique*, Paris, PUF.
PIAGET, J., 1968. *Epistémologie et psychologie de la fonction*, Paris, PUF.
PIAGET, J., 1968. *Epistémologie et psychologie de l'identité*, Paris, PUF.
PIAGET, J., 1972. *La représentation du monde chez l'enfant*, Paris, PUF.
PIAGET, J., 1974. *La prise de conscience*, Paris, PUF.
PIAGET, J., 1976. *Le langage et la pensée chez l'enfant*, Neuchâtel et Paris, Delachaux et Niestlé.
PIAGET, J., 1978. *Le jugement moral chez l'enfant*, Paris, PUF.
PIAGET, J., 1981. *Le possible et le nécessaire*, Tome I: *L'évolution des possibles chez l'enfant*, Paris, PUF.
PIAGET, J., 1983. *Le possible et le nécessaire*, Tome II: *L'évolution du nécessaire chez l'enfant*, Paris PUF.
PIAGET, J., INHELDER, B., 1969. Les opérations intellectuelles et leur développement, in *Traité de psychologie expérimentale*, Tome VII: *L'intelligence*, Paris, PUF.
PICHEVIN, C., 1966-1967. *Les propos spontanés d'Eva et de Virginie*, inédit.
POTTIER, B., 1976. Sur la formulation des modalités en linguistique, *Langages*, n° 43.
REMACLE, L., 1966. Remarques sur l'apprentissage du subjonctif, in *Mélanges Grévisse*, Gembloux, Duculot.
REY-DEBOVE, J., 1978. *Le métalangage, étude linguistique du discours sur le langage*, Paris, Le Robert.
REY-DEBOVE, J., 1979. Les logiciens et le métalangage naturel, *Histoire, épistémologie, langage*, Tome I, fasc. 1.
REY-DEBOVE, J., 1983. Le métalangage dans le langage parlé, *Recherches sur le français parlé*, n° 5, Aix-en-Provence, Groupe Aixois de Recherches en Syntaxe, Publications de l'Université de Provence.
RONJAT, J., 1913. *Le développement du langage observé chez un enfant bilingue*, Paris, Librairie ancienne H. Champion.

SABEAU-JOUANNET, E., 1975. Les premières acquisitions syntaxiques chez les enfants français unilingues, *La Linguistique*, n° 1.

SABEAU-JOUANNET, E., 1977. L'expression de l'organisation spatiale et temporelle, son évolution chez des enfants de deux à cinq ans, in *La syntaxe de l'enfant avant cinq ans,* Paris, Larousse.

SINCLAIR, A., JARVELLA, R.J., LEVELT, W.J.M. (eds) 1978. *The Child's Conception of Language,* Berlin, Springer Verlag.

SINCLAIR, A., 1980. Thinking about Language: an Interview Study of Children Aged Three to Eight, *International Journal of Psycholinguistics.*

SINCLAIR, H., FERREIRO, E., 1970. Etude génétique de la compréhension, production et répétition de phrases au mode passif, *Archives de psychologie,* n° 41.

SLOBIN, D., 1978. A Case Study of Early Language Awareness, in *The Child's Conception of Language,* A., Sinclair, R., Jarvella, W.J.M., Levelt (eds), Berlin, Springer Verlag.

SOURDOT, M., 1977. Identification et différenciation des unités: les modalités nominales, in *La syntaxe de l'enfant avant cinq ans,* Paris, Larousse.

STRERI, A., 1979a. Etude génétique des productions d'énoncés avec «vouloir» et «dire» obtenues à partir d'images, *L'année psychologique,* n° 79.

STRERI, A., 1979b. Enonciation et référenciation: étude génétique des productions d'énoncés avec «vouloir» et «dire», *Monographies françaises de psychologie,* n° 48, Paris, Edition du CNRS.

TAMINE, J., 1979. Métaphore et syntaxe, *Langages,* n° 54.

Travaux du Cercle de Linguistique d'Aix-en-Provence 1983: Les parties du discours, Travaux 1, Publications de l'Université de Provence.

WAGNER, R.L., 1966. A propos de «c'est», in *Mélanges Grévisse,* Gembloux, Duculot.

WEIR, R.M., 1962. *Language in the Crib,* La Haye, Mouton.

Table des matières

INTRODUCTION 5

1. Objectifs 5
2. La méthode 10
   2.1. Le corpus et sa constitution
   2.2. Le corpus et son analyse
   2.3. Présentation des chapitres

CHAPITRE I: LES CITATIONS 19

1. Position du problème 19
2. Définition de la citation 20
3. Première étape: avant les premières citations 20
4. Deuxième étape: les premières citations directes 22
   4.1. Typologie des citations directes
   4.2. Les temps utilisés
   4.3. Les situations
   4.4. Les fonctions
5. Troisième étape: les citations indirectes 27
   5.1. Forme des propositions
   5.2. Transposition de modes
   5.3. Transposition de pronoms
   5.4. Transposition de temps
6. Discussion 37
   6.1. De la citation directe à la citation indirecte

6.2. Le champ lexical des termes qui introduisent des citations
   6.3. La représentation sémantique de *dire*

7. Conclusion 41

CHAPITRE II: LES CONSTRUCTIONS PRESENTATIVES 43

1. La présentation 43

2. Définition de la présentation 44

3. Première étape: la présentation des choses et du nom des choses 45
   3.1. Les constructions en *ça*
   3.2. Les constructions en *c'est*
   3.3. La fonction des constructions présentatives élémentaires

4. Deuxième étape: la présentation du signe et l'ébauche du fonctionnement autonyme 54
   4.1. Caractéristiques
   4.2. Le fonctionnement autonyme

5. Troisième étape: la présentation de la signification et la comparaison des formes 57

6. Conclusion 60

CHAPITRE III: LES CONSTRUCTIONS APPELLATIVES 63

1. Position du problème 63

2. Définition des constructions appellatives 64

3. Les différentes constructions de *s'appeler* 64

4. Description linguistique de la construction pronominale 65

5. Caractéristiques et évolution des constructions appellatives chez l'enfant .. 69
   5.1. La présentation des choses et du nom des choses
   5.2. La présentation des personnes et de leur nom
   5.3. La présentation d'un signe dans ses relations à d'autres signes

6. Conclusion 74

CHAPITRE IV: LES EXPLICATIONS 77

1. Position du problème 77

2. Les formes de l'explication chez l'enfant dans la perspective piagétienne .. 78

3. Définition de l'explication 82

4. Quand l'enfant explique le langage 83
   4.1. Les explications de nature causale
   4.2. Les explications de nature psychologique
   4.3. Les justifications référentielles et le réalisme nominal

4.4. Les justifications morphosémantiques
4.5. Les justifications logiques

5. Quand l'enfant construit des signes 92
   5.1. Les créations à motivation référentielle
   5.2. Les créations à motivation morphosémantique

6. Conclusion 97

CHAPITRE V: LES COMMENTAIRES 99

1. Position du problème 99
2. Définition des commentaires et problème des modalités 100
3. Lexique des termes métalinguistiques: concept ou préconcept métalinguistique? 104
4. Lexique des termes de modalité: la gamme des nuances modales exprimées par l'enfant dans ses commentaires 109
5. Typologie des commentaires 113
   5.1. Le mode de l'expression catégorisatrice
   5.2. Le mode de l'expression personnalisée
   5.3. Le mode de l'expression conforme à la règle linguistique
   5.4. Le mode de l'expression de fantaisie
6. Conclusion: évolution des commentaires et genèse des modalités chez l'enfant 121

CONCLUSION 125

BIBLIOGRAPHIE 139

PSYCHOLOGIE ET SCIENCES HUMAINES
collection publiée sous la direction de MARC RICHELLE

1. Dr Paul Chauchard
   LA MAITRISE DE SOI, 9ᵉ éd.
5. François Duyckaerts
   LA FORMATION DU LIEN SEXUEL, 9ᵉ éd.
7. Paul-A. Osterrieth
   FAIRE DES ADULTES, 16ᵉ éd.
9. Daniel Widlöcher
   L'INTERPRETATION DES DESSINS D'ENFANTS, 9ᵉ éd.
11. Berthe Reymond-Rivier
    LE DEVELOPPEMENT SOCIAL DE L'ENFANT ET DE L'ADOLESCENT, 9ᵉ éd.
12. Maurice Dongier
    NEVROSES ET TROUBLES PSYCHOSOMATIQUES, 7ᵉ éd.
15. Roger Mucchielli
    INTRODUCTION A LA PSYCHOLOGIE STRUCTURALE, 3ᵉ éd.
16. Claude Köhler
    JEUNES DEFICIENTS MENTAUX, 4ᵉ éd.
21. Dr P. Geissmann et Dr R. Durand
    LES METHODES DE RELAXATION, 4ᵉ éd.
22. H. T. Klinkhamer-Steketée
    PSYCHOTHERAPIE PAR LE JEU, 3ᵉ éd.
23. Louis Corman
    L'EXAMEN PSYCHOLOGIQUE D'UN ENFANT, 3ᵉ éd.
24. Marc Richelle
    POURQUOI LES PSYCHOLOGUES?, 6ᵉ éd.
25. Lucien Israel
    LE MEDECIN FACE AU MALADE, 5ᵉ éd.
26. Francine Robaye-Geelen
    L'ENFANT AU CERVEAU BLESSE, 2ᵉ éd.
27. B.F. Skinner
    LA REVOLUTION SCIENTIFIQUE DE L'ENSEIGNEMENT, 3ᵉ éd.
28. Colette Durieu
    LA REEDUCATION DES APHASIQUES
29. J.C. Ruwet
    ETHOLOGIE: BIOLOGIE DU COMPORTEMENT, 3ᵉ éd.
30. Eugénie De Keyser
    ART ET MESURE DE L'ESPACE
32. Ernest Natalis
    CARREFOURS PSYCHOPEDAGOGIQUES
33. E. Hartmann
    BIOLOGIE DU REVE
34. Georges Bastin
    DICTIONNAIRE DE LA PSYCHOLOGIE SEXUELLE
35. Louis Corman
    PSYCHO-PATHOLOGIE DE LA RIVALITE FRATERNELLE
36. Dr G. Varenne
    L'ABUS DES DROGUES
37. Christian Debuyst, Julienne Joos
    L'ENFANT ET L'ADOLESCENT VOLEURS
38. B.-F. Skinner
    L'ANALYSE EXPERIMENTALE DU COMPORTEMENT, 2ᵉ éd.
39. D.J. West
    HOMOSEXUALITE
40. R. Droz et M. Rahmy
    LIRE PIAGET, 3ᵉ éd.
41. José M.R. Delgado
    LE CONDITIONNEMENT DU CERVEAU ET LA LIBERTE DE L'ESPRIT
42. Denis Szabo, Denis Gagné, Alice Parizeau
    L'ADOLESCENT ET LA SOCIETE, 2ᵉ éd.
43. Pierre Oléron
    LANGAGE ET DEVELOPPEMENT MENTAL, 2ᵉ éd.
44. Roger Mucchielli
    ANALYSE EXISTENTIELLE ET PSYCHOTHERAPIE PHENOMENO-STRUCTURALE
45. Gertrud L. Wyatt
    LA RELATION MERE-ENFANT ET L'ACQUISITION DU LANGAGE, 2ᵉ éd.
46. Dr Etienne De Greeff
    AMOUR ET CRIMES D'AMOUR
47. Louis Corman
    L'EDUCATION ECLAIREE PAR LA PSYCHANALYSE
48. Jean-Claude Benoit et Mario Berta
    L'ACTIVATION PSYCHOTHERAPIQUE
49. T. Ayllon et N. Azrin
    TRAITEMENT COMPORTEMENTAL EN INSTITUTION PSYCHIATRIQUE
50. G. Rucquoy
    LA CONSULTATION CONJUGALE
51. R. Titone
    LE BILINGUISME PRECOCE
52. G. Kellens
    BANQUEROUTE ET BANQUEROUTIERS
53. François Duyckaerts
    CONSCIENCE ET PRISE DE CONSCIENCE
54. Jacques Launay, Jacques Levine et Gilbert Maurey
    LE REVE EVEILLE-DIRIGE ET L'INCONSCIENT
55. Alain Lieury
    LA MEMOIRE

56 Louis Corman
NARCISSISME ET FRUSTRATION D'AMOUR
57 E. Hartmann
LES FONCTIONS DU SOMMEIL
58 Jean-Marie Paisse
L'UNIVERS SYMBOLIQUE DE L'ENFANT ARRIERE MENTAL
59 Jacques Van Rillaer
L'AGRESSIVITE HUMAINE
60 Georges Mounin
LINGUISTIQUE ET TRADUCTION
61 Jérôme Kagan
COMPRENDRE L'ENFANT
62 Michael S. Gazzaniga
LE CERVEAU DEDOUBLE
63 Paul Cazayus
L'APHASIE
64 X. Seron, J.L. Lambert, M. Van der Linden
LA MODIFICATION DU COMPORTEMENT
65 W. Huber
INTRODUCTION A LA PSYCHOLOGIE DE LA PERSONNALITE, 2ᵉ éd.
66 Emile Meurice
PSYCHIATRIE ET VIE SOCIALE
67 J. Château, H. Gratiot-Alphandéry, R. Doron et P. Cazayus
LES GRANDES PSYCHOLOGIES MODERNES
68 P. Sifnéos
PSYCHOTHERAPIE BREVE ET CRISE EMOTIONNELLE
69 Marc Richelle
B.F. SKINNER OU LE PERIL BEHAVIORISTE
70 J.P. Bronckart
THEORIES DU LANGAGE
71 Anika Lemaire
JACQUES LACAN, 2ᵉ éd. revue et augmentée
72 J.L. Lambert
INTRODUCTION A L'ARRIERATION MENTALE
73 T.G.R. Bower
DEVELOPPEMENT PSYCHOLOGIQUE DE LA PREMIERE ENFANCE
74 J. Rondal
LANGAGE ET EDUCATION
75 Sheila Kitzinger
PREPARER A L'ACCOUCHEMENT
76 Ovide Fontaine
INTRODUCTION AUX THERAPIES COMPORTEMENTALES
77 Jacques-Philippe Leyens
PSYCHOLOGIE SOCIALE, 2ᵉ éd.
78 Jean Rondal
VOTRE ENFANT APPREND A PARLER
79 Michel Legrand
LE TEST DE SZONDI
80 H.J. Eysenck
LA NEVROSE ET VOUS
81 Albert Demaret
ETHOLOGIE ET PSYCHIATRIE
82 Jean-Luc Lambert et Jean A. Rondal
LE MONGOLISME
83 Albert Bandura
L'APPRENTISSAGE SOCIAL
84 Xavier Seron
APHASIE ET NEUROPSYCHOLOGIE
85 Roger Rondeau
LES GROUPES EN CRISE?
86 J. Danset-Léger
L'ENFANT ET LES IMAGES DE LA LITTERATURE ENFANTINE
87 Herbert S. Terrace
NIM, UN CHIMPANZE QUI A APPRIS LE LANGAGE GESTUEL
88 Roger Gilbert
BON POUR ENSEIGNER?
89 Wing, Cooper et Sartorius
GUIDE POUR UN EXAMEN PSYCHIATRIQUE
90 Jean Costermans
PSYCHOLOGIE DU LANGAGE
91 Françoise Macar
LE TEMPS, PERSPECTIVES PSYCHOPHYSIOLOGIQUES
92 Jacques Van Rillaer
LES ILLUSIONS DE LA PSYCHANALYSE, 2ᵉ éd.
93 Alain Lieury
LES PROCEDES MNEMOTECHNIQUES
94 Georges Thinès
PHENOMENOLOGIE ET SCIENCE DU COMPORTEMENT
95 Rudolph Schaffer
COMPORTEMENT MATERNEL
96 Daniel Stern
MERE ET ENFANT, LES PREMIERES RELATIONS
97 R. Kempe & C. Kempe
L'ENFACE TORTUREE
98 Jean-Luc Lambert
ENSEIGNEMENT SPECIAL ET HANDICAP MENTAL
99 Jean Morval
INTRODUCTION A LA PSYCHOLOGIE DE L'ENVIRONNEMENT

100 Pierre Oleron et al.
SAVOIRS ET SAVOIR-FAIRE PSYCHOLOGIQUES CHEZ L'ENFANT
101 Bernard I. Murstein
STYLES DE VIE INTIME
102 Rondal/Lambert/Chipman
PSYCHOLINGUISTIQUE ET HANDICAP MENTAL
103 Brédart/Rondal
L'ANALYSE DU LANGAGE CHEZ L'ENFANT
104 David Malan
PSYCHODYNAMIQUE & PSYCHOTHERAPIE INDIVIDUELLE
105 Philippe Muller
WAGNER PAR SES REVES
106 John Eccles
LE MYSTERE HUMAIN
107 Xavier Seron
REEDUQUER LE CERVEAU
108 Moreau/Richelle
L'ACQUISITION DU LANGAGE
109 Georges Nizard
ANALYSE TRANSACTIONNELLE ET SOIN INFIRMIER
110 Howard Gardner
GRIBOUILLAGES ET DESSINS D'ENFANTS, LEUR SIGNIFICATION
111 Wilson/Otto
LA FEMME MODERNE ET L'ALCOOL
112 Edwards
DESSINER GRACE AU CERVEAU DROIT
113 Rondal
L'INTERACTION ADULTE-ENFANT
114 Blancheteau
L'APPRENTISSAGE CHEZ L'ANIMAL
115 Boutin
FORMATION ET DEVELOPPEMENTS
116 Húsen
L'ECOLE EN QUESTION
117 Ferrero/Besse
L'ENFANT ET SES COMPLEXES
118 R. Bruyer
LE VISAGE ET L'EXPRESSION FACIALE
119 J.P. Leyens
SOMMES-NOUS TOUS DES PSYCHOLOGUES?
120 J. Château
L'INTELLIGENCE OU LES INTELLIGENCES?
121 M. Claes
L'EXPERIENCE ADOLESCENTE
122 J. Hayes et P. Nutman
COMPRENDRE LES CHOMEURS
123 S. Sturdivant
LES FEMMES ET LA PSYCHOTHERAPIE
124 A. Pomerleau et G. Malcuit
L'ENFANT ET SON ENVIRONNEMENT
125 A. Van Hout et X. Seron
L'APHASIE DE L'ENFANT
126 A. Vergote
RELIGION, FOI, INCROYANCE

Hors collection

Paisse
PSYCHOPEDAGOGIE DE LA LUCIDITE
Paisse
ESSENCE DU PLATONISME
Collectif
SYSTEME AMDP
Boulangé/Lambert
LES AUTRES, L'EXPRESSION ARTISTIQUE CHEZ LES HANDICAPES MENTAUX

Manuels et Traités

2 Thinès
PSYCHOLOGIE DES ANIMAUX
3 Paulus
LA FONCTION SYMBOLIQUE ET LE LANGAGE
4 Richelle
L'ACQUISITION DU LANGAGE
5 Paulus
REFLEXES-EMOTIONS-INSTINCTS
Droz-Richelle
MANUEL DE PSYCHOLOGIE
Hurtig-Rondal
MANUEL DE PSYCHOLOGIE DE L'ENFANT (Tome 1)
Hurtig-Rondal
MANUEL DE PSYCHOLOGIE DE L'ENFANT (Tome 2)
Hurtig-Rondal
MANUEL DE PSYCHOLOGIE DE L'ENFANT (Tome 3)
Rondal-Seron
LES TROUBLES DU LANGAGE (DIAGNOSTIC ET REEDUCATION)